U0032458

吳序

　　1992年筆者在澳洲雪梨，認識當時天主教華人團體會長何華丹弟兄，他是一位博學多才的醫學博士，專精於醫學病毒研究的醫學科學家，聞名於世界醫壇（曾代表澳大利亞政府，應紐西蘭政府申請支援，以醫學科學家身分出庭作證，解決難題）。而且博學多聞，文武雙才，也是太極拳高手，巧妙地以醫學原理發展了一套調息養生保健氣功。

　　1994年底筆者曾經聽過他第二專長，生命調理——調適壓力及練習身心放鬆的演講，當時正逢台灣社會轟動的另類大新聞「怪力亂神事件」，社會不少名流仕紳，也深受其惑！筆者是基督徒，對這樣的事件感觸甚深。於是我就聯想到，如果能邀請何博士到台灣來，以基督徒醫學科學家的身分，回歸事實真相，剖析人們的潛能，舉起光明照耀迷惑者，幫助那些為了家庭、事業等等，在身心靈方面需要協助的人，何嘗不是好事一樁！於是我就積極邀請他來台灣，傳播這一方面的好訊息。

　　虔誠的基督徒何華丹弟兄，為人非常謙虛，溫和良善，當然樂意接受我的邀請，可是他負責不少專案，要告一段落才有可能。一直到1997年的冬天，何博士終於可以成行了，在12月12日返抵告別20幾年的台灣（他是祖籍海南島的新加坡華人，台灣大

學醫學系畢業後到美國深造，定居澳洲，服務於南半球最大醫院 Westmead Hospital。從邀請何博士，接機、帶到新竹關西天主教華光智能發展中心（就是來台住宿及講習會的地方），介紹給主任吳富美女士，都是我陪伴，難怪她說我是始作俑者。

從那一年開始，何博士因為發覺到不少生活在台灣的人，身心靈方面大有問題，深深影響健康，愈來愈多人需要解除緊張，紓解壓力，化解憂慮，因此他每一年都利用年假，抽空回國幫助需要的人。雖然如此，但是畢竟受到時間、場所等等限制，都不如出書更能幫助更多的人，於是他毫無保留把他的講義提供出來出版書籍。就像聖經「天國好比酵母，一個婦人用它和在三量斗的麵粉裡，直到全部都發酵。」（瑪十三31）讓更多人可以受惠。

假如讀者幸運的話，能夠讀到何博士相關著作，就不難理解為何我要邀請他來台了！

吳武雄
源順煉油廠董事長

楊序

曾有位大德心有所感的說：「留心你的念頭，因念頭會形成你的思想，思想會形成你的習慣，習慣會形成你的性格，性格就是你的命運。」簡單幾句話，說明了一個人的思考模式會在不知不覺中形成自己對事情的反應模式，而此反應模式即是我們的性格，而性格即是形成個人命運的主軸。

對大部分人而言，「競爭」與「疏離感」是現代人的共通語言。在對外有現實社會的生存競爭，對內常有無所依靠的疏離感時，若一個人對事情的反應模式不夠靈活或不夠健全，「壓力」便會無可避免的成為現代人的緊箍咒，讓人受不了也逃不掉。現代醫學的研究顯示，「壓力」與百分之六十至七十的疾病有著直接或間接的關係，其來有自。

有鑑於此，如何去認識、調適並進而消除壓力，可說是現代人的必修課程。何華丹博士本著他深厚的醫學研究基礎，先從生理學出發，深入的解說由壓力所引發的內分泌變化，是如何在不知不覺中影響我們的行為，而這些行為也常成為我們對事情產生反應的一種慣性，這種「慣性」多是不經意識層面的直覺反射，它也是「性格」的另一種詮釋！

所以，如何消除壓力，必須從改變性格開始。要改變性格，

則如上述大德所言，必須從改變個人的思考模式開始。要改變必須先能認淸自己的思考模式。何博士以他廣博的見聞及幽默的口語，從生活、歷史、文學、哲學及宗敎中舉例，並深入淺出的爲大家闡述，一個人的情緒是如何影響自己的生活，讓我們在聆聽中，藉著反觀自照進而能心有所悟。最後，何博士也以他自已的經驗，爲大家介紹一些消除壓力很實用的方法，其中包括了飲食、運動、作息的調整，情緒的放鬆，及正面自我催眠啓示等。

　　總而言之，何博士這一系列的介紹，讓我們從認識了解自己的情緒開始，進而認識自己的壓力，最後知道如何消除壓力，可說有了完整的解說，名爲「生命調理法」可說是名副其實，相信也是每個人自我成長最好的教材。

楊明達
竹北東元醫院急診科醫師

自序

在國外居住了三十多年，我經常與許多不同種族的人士，尤其華人相處的時候，發現不少人（包括我自己）的生命旅途中，不但不是平坦大道，而常是崎嶇難行，困難、挫折、成功、失敗、快樂、壓抑與痛苦等相互交錯，甚至還有疾病發生，健康受到損害等。許多人勇於面對現實，經得起憂患與痛苦，不爲困難所擾，情緒穩定，內心快樂；但也有不少人感到彷徨、失望、消極、煩惱、憂慮、沉淪和痛苦，甚至覺得人生沒有什麼目的和意義等。因此，我經常靜默地思考，人爲什麼會有如此截然不同的反應呢？

我曾經努力的去尋求答案，解決了自己的問題，雖然成果並非十全十美；但我相信，自己的努力經驗如果能夠幫助我自己，它也一定能夠幫助他人。

我已經連續每年回台灣講授生命調理法課程八次之多了。許多曾參與講座的朋友，尤其對人腦意識層面、焦慮及憂鬱症素有研究的趙正生先生不斷勉勵與幫助，希望我將授課的內容寫成書出版，以便讓許多未有機會直接參加講座的人，也能夠藉著閱讀而獲得身心靈進修的益處。

更承蒙聯經出版公司的接受和支持，使這一套書有機會出

版，謹此深致謝意！

記得可口可樂公司的總裁布來恩・戴生（Brian Dyson），有一次被邀在某大學畢業典禮演講中，說了一段生動而令人深思的話：「想像生命是一個比賽，你必須同時拋接五個球，這五個球分別是工作、家庭、健康、親友和精神生活，而你不可讓任何一個球落地。你很快就會發現，工作是一個橡皮球，如果它掉下來，它會再彈回去，而其他四個球：家庭、健康、親友和精神生活是玻璃製的，如果這四個球其中任何一個落下來，它們會磨損、甚至粉碎，而一旦落下，它們將不再和以前一樣。你必須知道這些事情而在生命中設法求得平衡，但要怎麼做呢？」我寫書的目的，就是提供給你非常簡單、直接而實用的生命調理方法，使你在生命中求得平衡。

我如何知道這些方法會有效果呢？答案非常簡單，事實已證明了。在國外多年來，我經常為不同的華人社會主持生命調理法講座，對促進與保持華人的身心健康有很大的幫助。尤其這七、八年來，我每年都利用年假，應邀回台灣主持同樣的講座，通過電視、廣播電台、報章雜誌的專訪與轉播，並深入少輔院、教養院、監獄戒毒所、社團、大專院校、政府機關、商業機構、扶輪社、醫院、研究單位、工廠、癌症支持團體、教會與慈善機構等，從事鬆靜舒壓與自我催眠啟示等自然療法，參加的人數以千計，同時接受我個別輔導的人也以上百計，發現他們都獲得良好的效果。

尤其是幫助不少心情受到重大壓抑的人，情緒受到嚴重打擊的人，心情因故陷入極度沉悶的人，罹患癌症的人，在潛移默化中，尋回健康、陽光的自我；不僅減少或消除了身心的壓抑，而

且促進與保持了健康與快樂的生命。有人改善了夫妻關係、親子
關係、人際關係；有人戒除了酗酒、酗煙等；更令人喜樂的是，
激起了癌症生存者的充足信心，以及堅強的求生意志力，使他們
能夠樂觀地從變化的生命軌道，鎮定地走向一個新的人生；有人
則面對大型開刀手術，能夠鎮定而鬆靜的應付接受；更有不少中
學生的學習效果提高，尤其面對大學入學考試時，能夠從容不
迫、安靜鎮定、充滿信心地應付考試等等。

這套叢書，如何能夠產生以上的效果呢？

因為，它是針對目前社會的弊病，以現代醫學的觀點和方
法，生理、心理及生化學的原理，並結合中國傳統保健養生哲學
的智慧，發展出來的身、心、靈整合的正確途徑，使參加講座或
閱讀此叢書的每一個人，都能夠達到心理與身體的和諧，懂得調
理自己的情緒，提昇生活品質，快樂的生活在多變的社會環境
中，進而預防疾病的發生。

叢書包括三本：

（1）消除壓力。內容是教導你如何放鬆身心，有效的調適
與消除壓力，促進健康以及延年益壽。在這套書中，詳細地分析
現代人內心精神和身體遭受壓抑的原因；由於壓力所產生的症狀
或疾病，以及對身心健康的影響。實際練習操作一系列調適與解
除壓力的方法，特別是壓力與工作及健康關係的心理智商測驗題
目，可提供給機關團體或個人，做為測知員工或本身的壓力與身
心健康程度，藉以改善與促進員工或自己的身心健康，提高工作
效率或生產力，並為學習後面二系列課程奠定良好的基礎。

（2）自我催眠（包括臨床醫學催眠啟示療法）。你將學會
如何運用自我催眠啟示的方法，來發揮你的無限潛能和智能、靈

感與創意，閃耀出真知灼見，突破自己，而使個人的身心、家庭和工作更美滿更充實，正確地指導你走向成功的人生道路。此外，你還進一步學醫學催眠啓示療法的臨床應用，幾十種不同的催眠臨床療法，你可以選擇應用，不但使你能夠再進一步的幫助自己，而且也使你能夠幫助他人，戒除不良習性（包括戒煙、戒酒、減肥等），改變與建立正確的人生觀，增強免疫能力，促進疾病的康復等。

（3）調息養生保健氣功。介紹中國傳統的運動醫學之一。這是我根據中國傳統醫學的智慧與氣功，並結合現代醫學生理學原理發展出的一套強身保健、增強免疫系統功能、提高體內自然療癒能力、抗病防老與袪疾療病的方法。

如果你深思地、仔細地閱讀與吸收這套書的醫學根據與原理；如果你誠摯地、持之以恆地練習這套叢書所教你的生命調理方法，你將會驚奇的發現與體驗到你內心與身體的改善，趨向好的方面變化。你將會主宰自己的生命，讓生命閃耀出光芒，使你過著健康、幸福、快樂和有成就的生活！

也許，你會好奇地問我爲什麼會在繁忙於醫學病理研究所工作之餘，抽出時間潛心探討有關精神（內心）健康的課題呢？前面說過，我也曾經在人生崎嶇不平的旅途中，撞跌及努力攀登過；也曾經走到十字路口不知何去何從，需要做出果斷的抉擇與正確思考。經過了不少歲月，我高興地找到了一些有益的答案與體驗，我覺得自己的努力經驗，既然能夠幫助我自己，相信它也一定能夠幫助你。因此，我誠願與你分享！這是我主持講座與出書的目的。

最後，我要告訴讀者的是，我回台灣講授「生命調理法」的

緣起。在1990年代中期，我們天主敎會內的敎兄，源順油廠董事長吳武雄先生，有一次在澳洲華人團體中，聽過有關於生命調理法的演講後，誠摯而熱切地邀請我抽空回台灣主持講座。我當時立刻答應（見吳先生序文，謹此深深感謝他的贊助與推動）。一方面，我是在台灣接受大學敎育的，離開她將近三十年了，我熱愛她及她的人民，我眞的很高興台灣的繁榮與進步，很想回來看看；另一方面，我關心台灣經濟高度發展後所出現的一些社會問題，尤其是人們的身心壓抑，導致了許多疾病，嚴重地影響著個人的健康、工作、家庭與精神生活。

　　當然，不僅台灣的人民有身心壓抑，所有高度經濟發展與物質文明的社會，都同樣存在這個問題。還有，據武雄敎兄告訴我，當時台灣社會（包括大陸）出現了一些怪力亂神的事情，所謂天尊、地尊、至尊、妙師等層出不窮。有人詭稱夢中獲得神仙指點自創「某某功」，能嘀嘀咕咕的說宇宙語，能唏唏啦啦的唱宇宙歌，能不知不覺的寫宇宙文，具有上可通天，下可通地，能呼雲喚雨，阻地震，退洪水等功力。有人則誇言能發放「功力」改變全世界蚊子的遺傳基因密碼，使所有天下的蚊子從此再不叮人吸血，只食草根與樹葉等。有人說可在練功者肚子上裝一個什麼「輪」的，讓它日夜24小時旋轉不停，內施度己，外施度人等。所有這些都會導致人們產生執著無知，誤認「練功」之後，能超塵脫世和長生不老，甚至有病也不必去求醫等妄念，嚴重影響人們的身心健康，甚至造成不必要的死亡。

　　因為許多人為了消除身心的緊張、壓抑與追求心靈的片刻寧靜與安慰，不惜千金代價，尋求神秘或魔術力量，或鎮靜藥作用，甚至去歡樂場所，以填補空虛的心靈。這種慰藉，也許可以

使人暫時逃脫現實，內心得到片刻的寧靜。但慰藉過後，卻不能使人從問題中解脫出來，可能還會導致人的思想混亂，脫離現實和逃避責任，甚至一切都依賴神秘力量或鎮靜藥、歡樂場所。

　　人類具有探索與追求神秘的特性，尤其近代「奧秘主義」興起，使人類在科學的時代，仍然不斷地追求奧秘，企圖解決許多困擾人生的問題。武雄敎兄說得對，追求健康不必外尋，借助迷信、玄學只是一時麻醉，放鬆、自然、食物調養、有效消除身心壓抑的自然療法，以達到調理身心才是最好的促進與保持健康的辦法。否則就會陷入迷惑、無知、失望、消極、憂慮與痛苦，自暴自棄，或毒品、暴力等壞事裡，以及麻醉自己，逃避內心的空虛迷境中。武雄敎兄希望我能以醫學的觀點、原理以及方法，盡力地正本清源！

　　八年多前，就在這樣的背景情形之下，我欣然的應邀，懷著喜悅的心情回到了闊別多年的台灣。武雄敎兄因為有事，接待我的是敎會內的一位敎姊吳富美，關西天主敎華光智能發展中心主任，一直到現在，我每次回台灣都是富美姊接待與照顧，在此謹向她深致感激！（見《生命調理法2》吳主任序文）。

　　在結束自序之前，我不敢說這套叢書具有與其他書籍不同的創新特點，但可以說其他的優秀著作給我提供了許多思考邏輯。我更感激至高無上的超然力量——我們的天主（上帝）賜給我靈感與啟示，讓我能夠誠摯地為人們的身心健康做出一點貢獻。

何華丹

目次

第一章
生命爲什麼需要調理？

你的身心健康嗎？

我們都知道，生命是很可貴的。每一個生命都是自然的恩賜，是上天所賦予的。每一個生命都是奇蹟。雖然有人不小心摔傷了生命的翅膀，有人甚至踐踏生命或不幸走入歧途，但卻抑制不住他想重新飛翔的欲望，也阻擋不了他向新的人生旅程邁進的決心和意志。無論如何，我們的生命是應該珍愛和適當調理的。

我們的生命要健康、幸福、快樂和有成就，必須經過調理才能夠達到。這些追求，是人類的共同願望與目標。

在宴會中，我們不是經常舉杯互祝：「健康與快樂」嗎？在生日賀卡裡，我們不也是經常彼此祝福：「健康長壽，壽比南山，福如東海」嗎？每一個人都希望有這樣健康幸福的人生，但只有少數幸運的人能達到這樣的境界。生命是一個旅程，人生的旅途不是平坦大道，常是崎嶇難行，有時需要努力攀登，甚至還需要別人幫助拉上去；有時走到十字路口，何去何從，需要做出果斷的抉擇與正確的思考。困難、挫折、成功、失敗、快樂、壓

力與痛苦等相互交錯，甚至還有疾病發生。有人勇於面對現實，經得起憂患與痛苦，不爲困難所擾，情緒穩定，內心快樂；有人卻感到徬徨、失望、消極、煩惱、憂慮、沉淪和痛苦，甚至覺得人生沒有什麼目的和意義。

人，爲什麼會有如此不同的反應呢？根據聖經·宗徒大事錄（17：28）指出：「我們生活、行動和存在，都在祂內」。祂，即是指天主（上帝）。但是，我們也同時生活在自己兩個不同的世界裡：即內在和外在世界。內在（心理）世界，是指我們的思想、認知、感情、態度、精神和內心狀態，表現出來的有時是希望、信心、意志、力量、愛情、喜樂、幸福；有時是煩惱、憂慮、悲傷、痛苦、緊張、壓力、嫉妒、憤怒和仇恨等，既影響自己也影響他人。外在世界，是指我們所生活的環境、國家的政治制度、金錢、財富、物質、人群、地理與周圍所發生的事情等，經常干擾著我們的內在世界。我們的內在和外在世界必須經常保持著平衡與協調，否則就會影響身心健康。如果我們心裡經常對外在世界不滿足，或長期受到外在世界的壓迫，身心就會產生嚴重的壓力或憂鬱症。

根據世界衛生組織（WHO）的預測，在西元2000年後，影響人類健康的十大病害中，排名第一和第二位的心臟病和憂鬱症（嚴重的身心壓力）將會越來越嚴重。現在因心臟病引起猝死的人數，在美國每年約有52萬，即每天死亡1,425人，每小時死亡59人，每分鐘死亡1人。在澳洲，每年死於心臟病的人數約有5萬5,000人，占所有疾病死亡人數的45%。全澳洲的總人口約2,000萬，略少於台灣總人口，但患心臟病的人數約占總人口的13%。在5個人之中，就有1個人因壓力而發生精神問題。根據2002年澳

洲政府統計，僅用於治療憂鬱症藥物之一的樂福得（Zoloft）就花了將近八千萬澳元。如果包括治療高血壓、心絞痛、降膽固醇等藥物在內，其價值超過15億澳元。根據美國科學基金會的統計，壓力和憂鬱是美國人最大的問題，嚴重影響人們的身心健康。人們因壓力引起相關的症狀或疾病，如緊張、恐懼、焦慮、不安、頭痛、失眠、頸背痛、胸緊痛、消化不良、胃和十二指腸潰瘍、性功能減退、心臟病、高膽固醇、高血壓、心絞痛甚至癌症等，需要住院治療；工作缺勤、思想呆滯、降低工作效率，導致意外事故發生、婚姻破裂、暴力和自殺等，在經濟上的損失每年超過150億美元。在澳洲每年約有6萬人企圖自殺，而自殺得逞者高達2,400人，這些人自殺的原因，70%與患憂鬱症有關。在台灣，近年來有不少優秀的國高中學生，也因爲升學的壓力而發生自殺事件。

生命是不斷調適壓力的過程

　　壓力和憂鬱症是現代社會的頭號內在殺手，也是心臟病、高血壓、高膽固醇，甚至癌症的主要誘因之一。根據台灣行政院衛生署2004年12月份的統計資料指出，國人十大死因的前三項分別爲惡性腫瘤、心臟病及腦血管疾病，其中惡性腫瘤已連續20年名列十大死因的榜首。

　　現今的台灣工商業發達，職場上的競爭激烈，產業外移及資金外流導致失業與經濟困難，各大企業紛紛裁員以調整企業謀求生存。企業裁員後，許多人除了原有的工作負擔外，尚需超時工作，長時間超量的工作負荷、緊張、繁忙及壓力，致使肌肉持續

處於緊張收縮狀態，沒有機會適當鬆弛，造成頸肩肌肉緊張痠痛。加上生活節奏快速，家庭和社會結構迅速變化，傳統倫理道德和價值觀念改變，青少年犯罪率增高，家庭離婚率增多，犯罪、暴力、凶殺、搶劫、治安不良等案件層出不窮，導致人們的身心產生嚴重的壓力。幾乎沒有人沒有壓力，只是輕重程度不同而已。不論是普通小市民和家庭主婦、行政與商業機構的主管、高級管理人員、專業技術人士，以及警察治安人員等，各行各業的人都有壓力。

生命，自開始就有壓力！人類在生命過程中的每一個階段，都要承受著不同程度的壓力。生命的過程，也可以說是不斷調適壓力的過程。你不要期望著沒有壓力的生命，如果生命沒有壓力，你的前途也等於零了。只有一種人沒有壓力，那就是死了！人死了，也解脫了！

目前，許多人的身心受到嚴重壓力，或生活遭遇到艱困、災難與創痛等，往往不知道解決的途徑，或不懂得應用正確的方法來調適與消除。

人類具有探索與追求神秘的特性，尤其近代「奧秘主義」的興起，使人類在科學的時代，仍然不斷地追求奧秘，企圖解決許多困擾人生的問題。

現僅舉兩個令人驚嘆的例子：（1）根據大陸報紙報導，一位青年上武當山修練氣功，他誤信修練成功之後可以成為超人，能夠吞嚥並消化鐵釘。他自認「功」已練成，於是一連吞了好幾公斤的鐵釘。由於胃酸的分解作用，引起激烈胃痛，送進醫院急診，經過 X 光檢查後，發現鐵釘已經腐爛生鏽，經過緊急開刀手術取出鐵釘後，才幸運地救了他的一條性命。（2）台灣一位

女大學生，因感情及家庭經濟問題產生嚴重的心理壓力，爲了解除壓力，去修練「禪坐」功夫，希望能夠得到心靈的平靜和安寧。但被誤導而走火入魔，禪師告訴她每次禪坐時，腦海裡要出現金光或綠光閃閃的現象，才算練成上乘禪功，達到爐火純青境界。從此，這位女大學生不斷的禪坐冥想這種現象，長期下來導致她一閉目或睡覺的時候，腦海裡就出現金光或綠光閃閃的幻象，甚至當她看到親人住醫院注射生理食鹽水「點滴」時，一滴滴的鹽水均變成了一點點紅光，紅光越來越閃亮耀眼，致使她心神不寧、長期失眠，最後精神錯亂，不能擺脫這種幻覺和錯覺。

　　朋友們，你有壓力嗎？你是否經常覺得自己全身不舒服或生病呢？這也不舒服，那也不舒服；這也病，那也病，甚至五臟六腑均感不適。你有時頭痛，懷疑有腦瘤；有時胸痛，懷疑有心臟病。但經過腦波掃描和心電圖檢查，都發現不出有什麼毛病，你身體各種機能都十分正常。爲什麼你會出現有病或不舒服的感覺呢？醫學研究資料指出，75％的人的症狀或疾病，是由於壓力所引起的。也就是說，75％的病人是不需要以藥物治療，只要通過正確的生命調理法即可痊癒。只有25％的病人，是真正需要藥物或手術治療才能痊癒的。

　　根據美國醫學調查報告，每年至少有一千多萬張的醫生處方（價值一億多美元的藥品）是屬於安慰治療性質的，很少有（或甚至無）真正的療效。台灣政府每年也需要付出數千億元的健保經費。如果政府衛生部門積極的推廣身體與精神醫學，注重精神與身體健康的關係，施展全國性的心理教育與輔導工作，設法應付和防治越來越多的人罹患精神壓力症或憂鬱症問題，就可以爲政府節省大量的健保經費。現在西方國家，不論商業機構、政府

機關與學校等，都經常舉辦如何調適壓力的講座。希望台灣也能重視身心健康方面的課題。

什麼是「生命調理法」？

生命調理法是針對目前社會的弊病，以現代醫學的觀點和方法，還有生理、心理以及生化學的原理，結合中國傳統保健養生哲學的智慧，發展出來之身、心、靈整合的正確途徑，使每一個人都能達到心理與身體的和諧，懂得調理自己的情緒，提升生活品質，快樂地生活在多變的社會環境中，進而預防疾病的發生。它包括三個部分：（1）如何放鬆身心，有效調適與消除壓力，促進健康，延年益壽。在這部分中，詳細分析現代人內心精神和身體遭受壓力的原因，因壓力所產生的症狀或疾病，以及對身心健康的影響。實際練習操作一系列調適與解除壓力的方法，為學習後面兩部分奠定良好的基礎。（2）如何運用自我催眠啟示方法來發揮你的無限潛能、智能、靈感與創意，閃耀真知灼見，突破自己，使個人的身心、家庭和工作更美滿更充實，指導你走向成功的人生道路。（3）醫學催眠啟示療法的臨床應用（臨床醫學催眠另有專書介紹），不但能夠幫助自己，也能夠幫助他人。可以戒除不良習性，改變與建立正確的人生觀，增強免疫能力，促進疾病的康復。同時，還可以幫助與促進病人手術治療效果，增強癌症的綜合治療效力，幫助與促進良好睡眠，增強學生的學習能力與記憶力，使他們能夠專心讀書，減少參加考試時的心理緊張，並促進學業進步。

　　如果你曾經學過其他一些生命調理法或傳統養生術，例如瑜

伽、禪坐、氣功、道家陰陽、各家各派的丹道術、外丹功、易筋經、五禽戲、八段錦……等等，請你暫時把它放在一邊，讓我們先一起來探討醫學的生命調理法，爲人類的身心健康做出貢獻。

同時，爲了使每一個人都能夠掌握和應用正確的生命調理法，在日常生活中消除自己身心的緊張和壓力，以及克服我們經常面臨的一些健康問題，我希望能夠盡量做到深入淺出的講解，讓每個人都能夠得到益處和幫助。如果你具有豐富的現代醫學知識，或學習過生理學、生化學和心理學等，也請你暫時忍耐一下。讓我引用耶穌基督教導我們的一句話：「凡你對我這些最小兄弟中的一個所做，就是對我做的」（瑪竇福音25：40）。因此，使每個人都得到益處，是我的責任以及應該做的事情。

這裡有一則故事來和大家分享：南隱是日本明治時代（1868－1912）的一位禪師。有一天，有位大學教授特來向他問禪，他只以茶相待。他將茶水注入這位來賓的杯中，杯滿了，他仍繼續注入。這位教授眼睜睜地望著茶水不息地溢出，直到再也不能沉默下去了，終於說道：「已經溢出來了，不要再倒了。」「你就像這只杯子一樣」，南隱答道：「裡面裝滿了你自己的看法和想法。你不先把自己的杯子空掉，叫我如何對你說禪？」

下一章有身心健康與壓力的自我測驗及評估，可以檢測一下你的健康狀況和壓力程度，以確定身體所出現的一些症狀或疾病，究竟是屬於75％的病人，還是25％的病人？如果屬於後者，我會告訴你如何和現代醫學相結合，來治療你的病。如果你是屬於前者，你大可放心地運用將要學到的正確生命調理法，來調適壓力與消除身心的病痛。

追求身心靈的健康

　　現在，我想請問各位，如果有三個願望：（1）財富，（2）健康，（3）成就，任你自由選擇，但只能選擇其中一個的話，你要選哪一個呢？我相信，很多人都會選擇健康。因為沒有健康，怎麼能夠得到財富和有所成就呢？即使你很幸運地繼承了千百萬遺產，或贏了億元彩券，如果你沒有健康，也不能真正的享受。所以，身體健康十分的重要！

　　何謂健康呢？健康，包括身心靈三方面。身體健康，是指人體各部分器官與功能完整，相互協調與和諧，能應付和適應內外在環境的變化。只有強壯的體格不一定是健康，還要加上心理健康，才是真正的健康。心理健康，是指人內心精神狀態與自己的人格部分，相互協調與和諧，能夠正確地判斷周圍事物，並能適應所處的相關內外在環境。我們知道，健康的智慧是建立在健康的身體上。靈性的提升、健康或改革，必須以身心健康為基礎。沒有身心的健康，很難達到靈性的健康。

　　基督徒們都知道，人的身體是靈魂的聖殿，而靈魂又是天主（上帝）的聖殿。中古世紀大部分的神學家受二元論的影響，都強調靈性的重要超越身體，認為身體的病痛是淨化和提升靈魂的一個過程。雖然自古以來，不少聖人賢哲能夠在極端的逆境中磨練與淨化身心，達到超然的境界，但是並非每個人都能夠做得到。古代大部分的神學家，對於心理或精神的疾病，一般都認為是魔鬼作祟的結果，因此，驅魔是重要的治療方法之一。現代的精神學家則重視身心靈相結合，以及相輔相成的治療原則。現代

醫學也開始從身體生理與病理醫學，趨向於重視神聖醫學或身體和精神相結合的醫學。現在，西方國家紛紛成立身體與精神健康研究所，專門從事研究如何應付與防治憂鬱症流行的問題。同時，各大學醫學院也都紛紛開辦一些自然療法，包括對精神或靈魂的照顧等課程。

1999年1月6日，梵諦岡宣佈教皇保祿二世（Pope John Paul II）批准應用新的宗教儀式驅魔，重新強調天使和魔鬼存在現代人的身上。不過，當我們識別是否有魔鬼附身的時候，必須小心診斷與分析。例如癲癇和精神分裂症，經常會被誤認為是魔鬼附身，尤其是中古神權的時代。

在現今社會，不論是治療身心疾病的醫師、社會工作者、教育家和宗教領袖們等，真是任重道遠啊！有人說，21世紀是壓力的世紀，面對新的世紀挑戰，不論在身體或精神方面，我們都要有勇氣、決心和準備，來接受這大時代的考驗和挑戰。

從現在開始，你即將走向一個新奇而又奧秘的人生旅程。這個旅程是走向自己內心深處的世界，去尋找自己和了解自己。這需要經過一段時間的練習才能達到。一旦掌握了正確的生命調理法之後，你就可以進入自己的內心世界，發揮強大的生命潛力。它將改變你的整個人生觀，調整你的生命和行為，使你的身心靈能夠整合、和諧與共融，並且促進和保持你的身心靈健康。當你會運用內在生命潛力，並發現它在改變著你的行為時，內心的情緒也會隨之改變，一種榮耀與自豪的感覺將會在內心湧起，伴隨著你走向健康、成功的人生旅程。

第二章
你的壓力指數多少？

現在，請拿出筆來做下面的幾個測驗問題，看看你的壓力程度如何？你在工作方面是否有壓力？壓力與心臟病之間的關係爲何？

請先不要看後面的答案（附錄）。測驗的方法很簡單，即圈選你自己認爲存在或感覺的問題。這些測驗沒有標準的答案，完全憑直覺作答。測驗做完之後，再去查看答案。如果你有壓力，不必擔心，當你學會了正確的生命調理法之後，每天至少練習兩次，連續三個月後，再回過頭來看今天的測驗結果，你將會發現有很大的改善，許多問題已經迎刃而解了。同時，你還會發現身體越來越健康，壓力越來越小，越來越充滿喜樂與幸福的感覺，越來越覺得生命具有意義和目的。

你的身體健康嗎？

請以直覺反應來圈選自己覺得有（或接近）的症狀。答案請見頁181的「身體健康測驗答案」。

1.常有輕微頭痛

2.常有嚴重頭痛

3.身體其他部分常有疼痛或痙攣

4.手腳冰冷或手心出汗

5.皮膚出現斑點或過敏微紅

6.食欲減退

7.胃部有膨脹感，胃痛或惡心

8.經常便秘

9.經常腹瀉

10.腸胃經常有脹氣，心頭有灼燒感

11.頻尿

12.口和喉嚨經常乾燥

13.經常心跳快速

14.呼吸困難、喘不過氣來

15.經常出汗，甚至在較冷天氣也不例外

16.怕冷也怕熱

17.暈眩，眼前有昏暗感覺

18.視覺不清，經常要眨眼才能恢復正常

19.聽覺遲鈍

20.容易氣喘

21.經常耳鳴

22.皮膚經常生斑疹與發癢

23.肩膀和頸項經常僵硬，肌肉緊張

24.手足痠軟無力

25.經常緊張性頭痛

26.常健忘

27. 容易疲倦

28. 半年之內曾經昏倒過兩次或以上

29. 經常感到筋疲力盡，極度衰竭

30. 容易失眠，或夜間驚醒，或被惡夢困擾

31. 高血壓

32. 高膽固醇

33. 磨牙

34. 消化不良

35. 胃或十二指腸潰瘍

36. 冠心疾病或心絞痛

37. 背痛或胸痛

38. 過食或暴食

39. 厭食

40. 酗酒

41. 抽煙或吸毒

42. 性冷感

43. 陽痿或早洩

44. 經期前緊張疼痛

45. 緊張不安時有咬牙或咬唇習慣

46. 眼睛乾澀，眼皮沉重

47. 心胸部位常覺得有抽搐感

48. 坐或躺時也感到呼吸不易

49. 早上起床不易，常打瞌睡

50. 眼前時常有昏暗感覺，但又不至於昏倒

你的心理健康嗎？

同樣以直覺反應來圈選你覺得有（或接近）的症狀。答案請參見頁181的「心理健康測驗答案」。

1. 容易多愁善感，時有想哭的衝動
2. 情緒不安與緊張
3. 緊張不安時常咬指甲、彈手指、咬緊牙關或尖聲大笑
4. 心神不容易集中
5. 有莫名的恐懼感，不論去任何地方均需人陪同
6. 容易過分激動
7. 經常感到有壓力存在
8. 喜歡單獨工作，別人在旁工作不易做好
9. 內心有孤獨感
10. 對前途失望
11. 害怕人多的地方，會覺得有壓迫感
12. 不願顯示真正的自我，怕被拒絕
13. 只願與能夠肯定自己的人相處
14. 想取悅他人，以便得到認同和確定自己
15. 愛自己的伴侶和朋友，有時也有恨他（她）的傾向
16. 認為所有的人對自己都不好
17. 常覺得精神疲倦，需要休息
18. 不輕易相信別人
19. 有時覺得生命沒有目的和意義
20. 需要飲酒放鬆自己

21. 不願與朋友太接近，擔心會被他控制

22. 常以吃東西來解除緊張情緒

23. 責怪自己導致家庭發生問題

24. 做事情缺乏動機

25. 常覺得內心空虛

26. 常覺得生活煩悶無聊

27. 常提防周圍的人，即使對朋友也心存顧慮

28. 很在乎別人怎樣評價自己

29. 不喜歡被他人指揮，對上司存有敵意

30. 常感覺驚慌，覺得生命受威脅

31. 腦海裡常浮現幻覺或恐怖感

32. 精神衰弱，容易受驚嚇

33. 夜裡被惡夢驚醒後，腦裡就胡思亂想，無法再入眠

34. 被人誤解，即感難過，無力申辯

35. 做一些小事情也會猶疑不決

36. 被別人批評時感到沮喪或憤怒

37. 稍遇到刺激，即整日感覺不安

38. 遇到困難與挫折，有時想以死來逃避

39. 常覺得自己身體不舒服或生病

40. 缺乏奮鬥的精神

41. 常會失眠，或半夜驚醒

42. 對他人的事情過度關心

43. 曾經患憂鬱症

44. 思想呆滯，反應遲鈍

45. 經常喃喃自語

看看你的抗壓性

　　以下是在一兩年內所發生並對你有影響的事件。每題分數由
0–10，表示對你的影響程度，「0」表示沒有影響，分數越高表
示其影響的程度越嚴重，完全由你的直覺評估。做完後請參考頁
181的「抗壓性測驗答案」。

　　（　　）1.喪偶

　　（　　）2.配偶重病

　　（　　）3.離婚

　　（　　）4.分居

　　（　　）5.親人逝世

　　（　　）6.親友關係破裂

　　（　　）7.家庭成員嚴重疾病或意外

　　（　　）8.家庭成員酗酒或吸毒

　　（　　）9.被解僱

　　（　　）10.犯法坐牢

　　（　　）11.失業或正在找工作

　　（　　）12.自己或家庭成員健康發生變化

　　（　　）13.發生嚴重車禍

　　（　　）14.好朋友逝世

　　（　　）15.結婚

　　（　　）16.懷孕

　　（　　）17.流產

　　（　　）18.性生活有問題

（　）19.動手術

（　）20.增添家庭成員

（　）21.調整事業

（　）22.工作性質改變

（　）23.家庭收入下降

（　）24.社會地位與身分改變

（　）25.與父母或配偶不和

（　）26.貸款或欠債數目過大

（　）27.遭受暴力打擊

（　）28.罪犯的受害人

（　）29.工作職責改變

（　）30.子女發生問題或離開家庭

（　）31.年老父母進療養院

（　）32.與媳婦或公婆衝突

（　）33.配偶停止工作

（　）34.學業有問題

（　）35.轉換新環境，生活方式改變

（　）36.工作環境不佳

（　）37.個性好勝，責任心特強，或期望事業有高成就

（　）38.政治迫害，思想控制

（　）39.戰爭威脅

（　）40.生意失敗

（　）41.工作緊張或壓力大

（　）42.與配偶爭吵增加

性格和心臟病有什麼關係？

下面總共有25個問題，中間以七條水平線分開左右兩邊。每對包含兩種對照的行為，我們每一個人的行為都在左右兩邊之間。請你以直覺選擇比較接近你行為的描述，從1至7之間畫勾做記號，然後將每題的分數相加起來，作為總計分。做完後請參考頁182的「性格與心臟病測驗答案」。

　　　　　　　　　　　　1　2　3　4　5　6　7

1. 不介意事情暫時未做完　＿ ＿ ＿ ＿ ＿ ＿ ＿　做事就必須做完為止

2. 鎮靜而不急迫趕赴約會　＿ ＿ ＿ ＿ ＿ ＿ ＿　約會從來不會遲到

3. 不競爭　＿ ＿ ＿ ＿ ＿ ＿ ＿　高度的競爭

4. 別人說話時注意傾聽，讓他說完　＿ ＿ ＿ ＿ ＿ ＿ ＿　他人說話時點頭、中斷、插嘴、完成他的句子

5. 從不慌忙，即使有壓力　＿ ＿ ＿ ＿ ＿ ＿ ＿　總是慌忙

6. 耐心與平靜等待　＿ ＿ ＿ ＿ ＿ ＿ ＿　不易耐心與平靜等待

7. 處事泰然　＿ ＿ ＿ ＿ ＿ ＿ ＿　處事急迫

8. 每次只做一件事情　＿ ＿ ＿ ＿ ＿ ＿ ＿　每次要做好多件事情，並且想到下一步該如何做

9. 說話緩慢和謹慎　＿ ＿ ＿ ＿ ＿ ＿ ＿　說話強而有力且有動作表情

10. 做事只關心自我滿足　＿ ＿ ＿ ＿ ＿ ＿ ＿　事情做好後要別人稱讚

11. 不急忙做事情　＿ ＿ ＿ ＿ ＿ ＿ ＿　做事快速（包括吃東西和走路等）

12. 開車輕鬆向前 　— — — — — — —　開車高速前進

13. 情感開放 　— — — — — — —　感情內向

14. 興趣廣泛 　— — — — — — —　除工作外少有興趣

15. 滿意自己的工作 　— — — — — — —　有野心，要快速提升

16. 從不設定時限 　— — — — — — —　經常設定時限

17. 覺得責任有限 　— — — — — — —　總覺得要負責任

18. 從不以數字衡量事物 — — — — — — —　常以數字衡量事物

19. 工作不在意 　— — — — — — —　工作很認真（甚至星期假日及在家也工作）

20. 不要求精細準確 　— — — — — — —　要求非常精細準確

21. 我的表現常要與別人表現比較 　— — — — — — —　我很少與別人比較表現

22. 我很少以別人的成功作為挑戰 　— — — — — — —　我常以別人的成功作為挑戰

23. 我的榮譽心常取決於我的成就 — — — — — — —　我的榮譽心很少取決於我的成就

24. 我很少為不順意的事情生氣 　— — — — — — —　我常為不順意的事情生氣

25. 我常覺得沒達到一天中的目標 　— — — — — — —　我常覺得已經達到一天中的目標

　　　總計分＿＿＿＿＿＿＿

你在工作方面有壓力嗎？

　　以下陳述的問題，是說明在你工作的時候，包括工作條件、環境或個人的身心感覺。請圈選最接近你的反應，做完後請參考

頁184的「工作壓力指數測驗答案」。

程度說明：

從未：表示你的工作條件或感覺不存在。

稀有：表示你的工作條件或感覺，約25％的時間存在。

有時：表示你的工作條件或感覺，約50％的時間存在。

常有：表示你的工作條件或感覺，約75％的時間存在。

經常：表示你的工作條件或感覺，事實上存在。

	從未	稀有	有時	常有	經常
1.人力支援不足	1	2	3	4	5
2.我的工作職責不很明確	1	2	3	4	5
3.我不確定我對現在的期待是什麼	1	2	3	4	5
4.我不確定我對將來的期待是什麼	1	2	3	4	5
5.我不滿意我的主管	1	2	3	4	5
6.我覺得不能夠與主管溝通	1	2	3	4	5
7.主管尚未給我任務，就說我能力不夠	1	2	3	4	5
8.我認為主管似乎不關心我	1	2	3	4	5
9.我與主管間相互不信任、尊重和友好	1	2	3	4	5
10.我覺得老闆與職員之間關係緊張	1	2	3	4	5
11.我執行職責時受干涉	1	2	3	4	5
12.這工作不能實現我的理想	1	2	3	4	5
13.我的周圍太多老闆	1	2	3	4	5
14.我覺得老闆好像不管事	1	2	3	4	5
15.主管不給我適當機會提建議	1	2	3	4	5
16.我的工作能力未獲主管賞識	1	2	3	4	5
17.這工作很少有個人發展的機會	1	2	3	4	5

	從未	稀有	有時	常有	經常
18. 我不滿意參與的工作計畫和決策	1	2	3	4	5
19. 現在的工作對我而言是大才小用	1	2	3	4	5
20. 我不覺得現在的工作能學以致用	1	2	3	4	5
21. 我總覺得我會被解僱	1	2	3	4	5
22. 我覺得在職訓練不足	1	2	3	4	5
23. 我覺得大多數同事都不友善	1	2	3	4	5
24. 我覺得上班不愉快	1	2	3	4	5
25. 工作中有年齡、性別和種族歧視	1	2	3	4	5
26. 沒有個人休閒的時間	1	2	3	4	5

注意：請將以上所有圈選的數目相加起來。1－26題的
總計分 = 　　　　　。這是你的人際關係問題。

27. 工作環境擁擠、陰暗並充滿噪音	1	2	3	4	5
28. 工作需要花費許多體力或精神	1	2	3	4	5
29. 工作負擔永不停止	1	2	3	4	5
30. 工作速率太快	1	2	3	4	5
31. 我的工作包括應付緊急事故	1	2	3	4	5
32. 沒有休息或午餐時間	1	2	3	4	5
33. 經常有不合理的工作超過時限	1	2	3	4	5
34. 工作量超過我的能力	1	2	3	4	5
35. 每天工作後感到筋疲力盡	1	2	3	4	5
36. 工作太累使我無法從事休閒娛樂	1	2	3	4	5
37. 我必須把工作帶回家才能做完	1	2	3	4	5

	從未	稀有	有時	常有	經常
38. 我必須對很多人負責	1	2	3	4	5
39. 人力支援很少	1	2	3	4	5
40. 支援人員能力不足	1	2	3	4	5
41. 我不確定我對現在的期待是什麼	1	2	3	4	5
42. 我不確定我對將來的期待是什麼	1	2	3	4	5
43. 下班後我覺得體力耗盡	1	2	3	4	5
44. 這工作的個人前途發展有限	1	2	3	4	5
45. 我覺得在職訓練不夠	1	2	3	4	5
46. 工作中很少與同事接觸	1	2	3	4	5
47. 大多數同事對我都不友善	1	2	3	4	5
48. 我覺得上班時不愉快	1	2	3	4	5

（與1～26重複部分是因為在問不同的大項，「人際關係問題」與「身體問題」中有同樣的子題要問）

注意：請將以上所有圈選的數目相加起來。27－48題的

總計分 = ＿＿＿＿＿＿。這是你的身體問題。

	從未	稀有	有時	常有	經常
49. 我對複雜的工作沒什麼興趣 （喜歡單純、單調的工作）	1	2	3	4	5
50. 我的工作少有激勵性	1	2	3	4	5
51. 我不覺得工作多樣會煩悶	1	2	3	4	5
52. 我對於工作缺乏興趣	1	2	3	4	5
53. 我不覺得工作可實現我的願望	1	2	3	4	5
54. 下班後我感到精力枯竭	1	2	3	4	5

	從未	稀有	有時	常有	經常
55.我會繼續這份工作並且不計較薪酬	1	2	3	4	5
56.我已被這工作束縛著	1	2	3	4	5
57.如有機會重新選擇，我不會選這份工作	1	2	3	4	5

注意：請將以上所有圈選的數目相加起來。49 – 57題的
總計分 =　　　　　。這是你的工作環境問題。

最後，請計算三部分的總分。

不同性格的人對壓力有不一樣的反應？

　　請閱讀下面的問題，以直覺反應圈選接近你的想法、感覺和行為的描述。做完後請參考頁185的「性格對壓力反應測驗答案」。

　　1.我很嚴格的要求自己。

　　2.我隨和並容易與人相處，但不願被人催促與壓迫。

　　3.我經常有孤獨的感覺。

　　4.當事情不順意的時候，我會很生氣。

　　5.我覺得快樂幸福比金錢還重要。

　　6.我很努力的要做一個好人。

　　7.我既會努力的工作，也會盡情的享樂。

　　8.當我疲憊或不舒服的時候，我常會很晚睡覺。

　　9.我討厭令別人失望。

　　10.很少人能夠達到我的期望。

　　11.我只活在當下，當有事情發生時才去處理。

12. 我的缺點之一是盡量的討好別人。

13. 我很需要別人的讚美、認可和奉承。

14. 我與各種不同的人都能快樂相處。

15. 當我被人批評或輕視的時候，我會靜默地思考。

16. 我是一個具有挑戰性格的人。

17. 我不介意工作有壓力。

18. 我經常覺得有人在背後評論我。

19. 我傾向於愛憎分明。

20. 有時我喜歡單獨在屋子裡徘徊。

21. 我不能忍受別人對我態度粗魯和不友善。

22. 當我遇見喜歡的男性或女性，我會去要求做朋友。

23. 我發現很難長久的維持懷恨心理。

24. 有時候我很難對別人說「不」字。

25. 我覺得必須要努力奮鬥，才能達到我的需求。

26. 我喜歡有趣的男性或女性當伙伴。

27. 如果我覺得難過，我會努力不要陷得太深。

28. 我一直不很滿意自己的成就。

29. 整體來說，我的生命是比較充實和快樂。

30. 對於我來說，愛是世界上最重要的事情。

31. 我覺得很難放慢速度或做事怠慢。

32. 我喜歡競爭，雖然不一定會贏。

33. 我是個肯施捨的人。

34. 我不容易忍受失望或挫折。

35. 我喜歡做即興旅行或遠足。

36. 我擔心別人如何看待我。

37. 不論事情如何的順利，我的志向很少滿足。

38. 我的愛情生活還不錯。

39. 有時候我覺得很無助。

40. 我討厭生病，經常忽視微恙。

41. 我愛結交新的朋友。

42. 我討厭生命的苛刻，所得到的報償很少。

43. 我不喜歡浪費時間於瑣事上。

44. 我不會為不誠實的或經常譴責人的老闆做事。

45. 當我失去了愛人或朋友時，整個內心世界都會崩潰。

46. 我對愛人和同事要求完美。

47. 為了娛樂目的，我不介意被別人開玩笑或捉弄。

48. 我覺得自己很機敏、很有思想。

49. 我的穿著整潔合宜。

50. 我能夠忍受我所喜愛的人的缺點。

51. 當我感覺到情緒非常惡劣之後，常會生病。

52. 小心，我是一個不能被惹火生氣的人。

53. 整體來說，我的生活態度是順其自然。

54. 我常看別人的優點勝過缺點。

55. 在成功的重要人物身邊時，我會覺得緊張和防備。

56. 我不介意承認自己的缺點。

57. 當別人要求幫助時，我很難拒絕。

58. 對我的批評或挑剔，經常會令我生氣。

59. 我常為朋友的成就而高興。

60. 我為理想而努力工作。

真正的我 vs.理想的我

請你以直覺的反應寫出：1.我如何看自己，2.別人如何看我，以及3.怎樣的我才是理想的我。

1.我如何看自己　　　　_____　　_____

　　　　　　　　　　　_____　　_____

　　　　　　　　　　　_____　　_____

　　　　　　　　　　　_____　　_____

2.別人如何看我　　　　_____　　_____

　　　　　　　　　　　_____　　_____

　　　　　　　　　　　_____　　_____

　　　　　　　　　　　_____　　_____

3.怎樣的我才是理想的我_____　　_____

　　　　　　　　　　　_____　　_____

　　　　　　　　　　　_____　　_____

　　　　　　　　　　　_____　　_____

第三章
壓力是怎麼來的？

尋找壓力的源頭

從前有一位國王，他享盡了富貴榮華，卻十分怕死，而且疑心很重，時時刻刻擔心有人會謀殺他，以致日夜緊張不安，不能安眠。有一天，一位異人來拜訪國王，他非常羨慕國王的財富和豪華奢侈的生活。國王對他說：「我讓你也享受一下國王的生活！」於是，國王就派最豪華的馬車去接他到皇宮，每天讓他享受優美的歌舞表演和豐盛的國宴，享盡了人生的富貴榮華。不過每次宴會時，都在他的頭頂上用馬尾巴吊著一把利劍，馬尾巴隨時可能斷掉，利劍就會直穿入他的腦袋。在黃金裝飾的舒服睡床上面，也同樣用馬尾巴吊著一把利劍直對著他的胸口，馬尾巴也可能隨時斷掉，利劍就會直穿入他的胸膛。當他坐豪華的馬車出門時，也同樣在馬車頂上用馬尾巴吊著一把利劍，馬車走動時，馬尾巴也隨時有斷掉的可能，利劍會直插入他的頭顱。從此之後，利劍的陰影就時時刻刻在他的腦海裡出現，使他日夜恐懼不安。過了一段時間，這位異人的身心簡直承受不了，必須立即調

適，否則將會嚴重影響身心健康，於是他就向國王告辭。

從這個故事中，我們可以了解壓力的定義。壓力在醫學上的定義，是指人由於各種情緒（包括緊張、憂慮和恐懼）引起身體、精神或心理的不舒服，需要即時做出調適的反應，否則就會出現身心的症狀或疾病，使生命耗損。國王和那位異人都處在壓力之中啊！

人類在生命中的每一個階段，都要承受著不同程度的壓力。因此也可以說，在人類生命的不同階段中，調適壓力是自然而重要的一部分。因為環境的改變或外力刺激，促使人類遺傳基因必須不斷做出調適與進化，人類才能夠繼續發明與創造，改善生活環境，促進社會的文明發展和進步。如果沒有適當的壓力，人類文明就不會進步。19世紀法國巴黎大學著名的生理學家克勞德・貝赫納（Claude Bernard）指出，不論外在環境如何激烈變動，所有生物都具有維持體內正常機能及適應環境變化的能力。哈佛大學著名生理學家華特・坎能（Walter B. Cannon）稱這種能力為「體內恆常穩定性能」（Homeostasis），也就是體內自然療癒的能力。

從聖經來看

自從有人類開始，壓力就伴隨著人類了。我們可以從下面幾個觀點來說明人類壓力的來源。從聖經（天主教思高聖經學會譯釋本）的第一篇創世紀裡，我們可以找到人類壓力的根源。

1.為追求知識所產生的壓力：在創世紀第1章28節裡有一段很生動的描述。「天主造人後祝福他們說：『你們要生殖，充滿

大地，治理大地，管理海中的魚，天空的飛鳥，各種在地上爬行的生物。』」這很清楚的說明人類自被造開始，就要負起萬物之靈的職責，因此必須具備知識才能勝任。而追求知識就是一種壓力的過程。

2.誘惑所產生的壓力：在創世紀第3章12節「原祖違命」中，可以找到正確的答案。它記述人類的原祖亞當與夏娃，因為受到誘惑而偷吃了禁果，喪失了良知良能的本性，在遭受天主處罰後所產生的內心壓力，如羞恥、焦慮、說謊、諉罪等。

3.生活勞苦所產生的壓力：在創世紀第3章17節裡，很清楚的敘述原祖違命遭受處罰而逐出樂園之後的遭遇。天主很明白的告訴人類今後的出路：「……你一生日日勞苦才能得到食物。地要給你生出荊棘和蒺藜，你要食田間的蔬菜，你必須汗流滿面，才有飯食……」很明顯，生活勞苦是人類的壓力因素之一。

4.嫉妒和仇恨所產生的壓力：創世紀第4章記載，人類原祖被逐出樂園之後，從第一代就產生了謀殺。由加音殺弟開始直到第九代，一代又一代的墮落與自我毀滅。聖經這樣描述：「大地已在天主面前敗壞，到處充滿了強暴的現象。」（創世紀6：1 2），因此產生典型的創傷或災難後壓力症候群（Post Traumatic Stress Disorders， PTSD），出現嫉妒、仇恨、敗壞、墮落、強暴以及謀殺等現象。

5.驕傲、邪惡、荒淫以及背離天主所產生的壓力：創世紀第6章進一步描寫人類繼續敗壞，即當人類在地上開始繁殖之後，產生驕傲、邪惡與荒淫的現象，而且背離天主，引起了心靈的嚴重創痛、生命失去意義與目的。

圖3.1　搏鬥或逃跑反應

從生物進化觀點來看

　　原始人類面對著瞬息萬變的大自然，以及猛獸的襲擊，生命隨時都會發生危險，「如何求生存」是最大的壓力。人類祖先是否能夠生存的關鍵，決定於兩種重要的生物本能反應：第一是警覺性反應，即搏鬥或逃跑（圖3.1）。人類祖先不但要隨時準備與猛獸搏鬥，還要應付人類彼此之間的競爭，面對極度危險時逃跑，而且要獵取足夠的食物以維持生存。第二是危機性反應，以使身體能夠調適長期性的壓力，應付持久性的危險，維持食物和水分的最低需要量，並且適應自然環境的變化等。

　　搏鬥或逃跑反應的產生來自於人的下丘腦，當人面對著危險或挑戰的時候，其訊息即傳遞到下丘腦，引起體內產生一系列的

化學變化，使身體迅速做出調適的反應。

　　首先，由交感神經系統分泌神經荷爾蒙正腎上腺素，使人能夠立刻應付緊急壓力與危險情況（圖3.2）；然後再由交感神經系統傳導到腎上腺，使腎上腺髓質分泌腎上腺素、腎上腺皮質分泌可體松，使人心跳加速、血壓增高、呼吸加快、吸氧量增多、代謝率加快、肝醣大量釋放、血糖增加、脂肪加速分解，使身體產生大量能量，頓時力量驚人。同時，為應付搏鬥或逃跑，會出現瞳孔放大、口乾舌燥、毛髮豎直、血小板分泌增多（以防止搏鬥時受傷出血）、肌肉緊張收縮、血液大量的流向四肢肌肉、腹部緊張、消化降低等反應。

　　原始人類是否能夠生存，完全決定於能否迅速逃跑，或是否具有強壯的力量戰勝猛獸或敵人。危險過後如果仍然生存的話，體內副交感神經系統開始作用，身體就會在半小時後進入鬆弛狀態，並且逐漸恢復正常的身體機能。這個反應過程，對於人類的生存與身心健康非常重要。此外，人處在危險狀態時，腦中樞神經還分泌其他的神經傳導化學物質或神經荷爾蒙，如腦內啡（Endorphines，也稱體內嗎啡），便具有強力的止痛作用，以應付和減輕受傷的痛苦；血清素、多巴胺（Dopamine）、褪黑激素等，能夠消除疲勞、緊張與壓力，使人放鬆身心，進入睡眠，心情感覺愉快與舒暢（表3.1）。

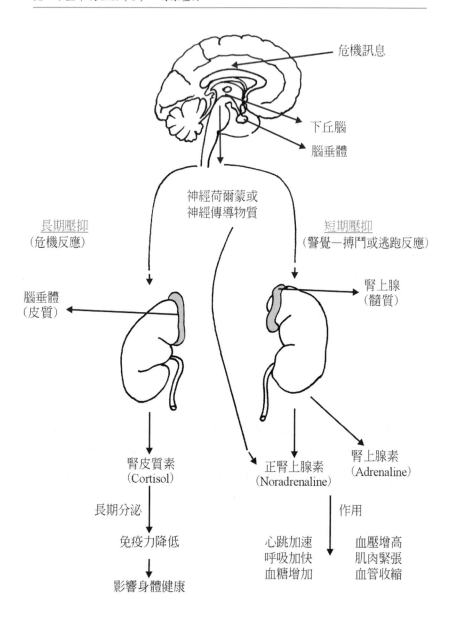

圖3.2　人腦神經中樞對壓力的反應

表3.1 抗壓力荷爾蒙或神經傳導物質及其作用

名稱	作　　　用
腎上腺素	由腎上腺髓質分泌。抗壓力，應付緊張和危險，加速心跳與呼吸，增高血壓和血糖含量，使肌肉緊張及血管收縮。長期過度分泌會影響免疫力。
可體松	由腎上腺皮質分泌。提高警覺性，應付長期危機與壓力，增強身體耐力，抗外傷發炎，增強血糖、蛋白質和脂肪的代謝。長期過度分泌會影響免疫力。
多巴胺	控制大腦警覺系統、興奮快樂情緒，濃度過高會引起幻覺、妄想及狂喜躁症；濃度太低則導致肢體顫抖、疲倦、心智與注意力降低、情緒憂鬱等。
血清素	主要由腦幹中央縫線核神經元所分泌。放鬆身心，使人愉快喜樂，不憂鬱，幫助睡眠，調適痛覺與食慾等。缺乏則會引起憂鬱症。抗憂鬱症藥物如百憂解（Prozac）、樂福得可以增強這個神經傳導質的分泌。
腦內啡	大腦所分泌的嗎啡，具有強力止痛與舒服感，可消減壓力、心情安寧、緩和呼吸等。
正腎上腺素	由腎上腺髓質與下丘腦等分泌，提升警覺性與專注力，可抗壓力，應付緊張與危險。
褪黑激素	由腦中松果體（pineal）所分泌，調降人體日夜周期性，使人心情平靜與舒服，促進睡眠。

從心理學觀點來看

我們每一個人對於壓力因素的認知和感覺都不同。

有一則故事是這樣說的：從前，有一個農民飼養了一匹健壯的公馬，某天這匹馬失蹤了，村民知道後，都認為他失去了這匹馬一定會非常的懊喪，於是紛紛前來安慰。但他卻對村民說：「你們怎麼知道我會非常懊喪呢？」其他的人都認為這個人不可理喻，「你看！他失去了一隻公馬，沒有馬來耕地，怎會不懊喪

呢？」三天後，這匹公馬回來了，而且還帶回一匹母馬，不久之後這匹母馬生了一隻小馬，村民都來祝賀他，「你真有福氣啊！」但他又對他們說：「你們又怎麼知道我真有福氣呢？」村民都認為他瘋了，「現在他擁有了三隻馬，還不幸福嗎？」不久，小馬長大了，這個農民的小孩子想馴服牠，不料卻發生意外從馬背上摔下來，一條腿傷殘，不能走路，村民們看到了這樣不幸的情景，又紛紛來安慰他並寄以深切的同情，「哎呀！這真是一件很不幸的事情啊！」不料，他又對他們說：「你們又如何知道這是一件不幸的事情呢？」大家都認為他真的是神經病，「可憐的孩子，殘廢了一條腿，還不算不幸嗎？」

之後戰爭爆發了，政府徵調壯丁打仗，每位村民的兒子都去打仗了。不久，消息傳來所有村民的兒子都在前線戰亡，唯有他的兒子因腿殘廢了，沒有被徵調當兵而好好的活著。這時候，村民才恍然大悟！可見，同樣的壓力因素對不同的人會產生不同程度的影響，即使對同一個人在不同的時間，其影響的程度也不一樣。任何事情都可能是某些人的壓力來源，正如西方諺語所說的：「一個人的肉，是另一個人的毒藥。」

我們知道，不同的人對於相同的處境其反應各異。某種壓力，對第一個人可能產生嚴重的影響，對第二個人可能只是輕微的刺激，對第三個人說不定還是一件享受的事情，對第四個人僅是不愉快而已。例如遊樂園裡的雲霄飛車，有人就很喜歡乘坐，覺得身心非常的享受和娛樂；有人卻害怕得要命，甚至完全避免乘坐。有人喜歡聽搖滾音樂，覺得興奮與刺激；有人卻厭惡它的噪音，覺得不勝干擾與不安。有人喜愛熱鬧的地方，覺得不熱鬧心情就不舒服；但有人卻感到心煩意亂。因此，我們很難說哪種

情況是壓力，哪種情況不是。壓力的產生，是「醒意識」的認知
和感覺以及「潛意識」反應的結果。

壓力是醒意識的認知與感覺

　　當我們面對挑戰時，身心如果不能夠做出正確調適，就會產
生壓力。在人生中有許許多多的挑戰，有害身心健康的壓力或危
險，有時候不一定是事實，而是出於我們不適當的認知和感覺。
就像一個幼童在交通繁忙的公路邊緣玩耍，雖然他處在危險的環
境中，但他並不知道，甚至還玩得很開心，除非有人告訴他可能
會死於車輪下，否則他不會有緊張、害怕和壓力的感覺。

　　誤信或不當的認知有很多情況：一個人認為自己的工作壓力
非常大，但是為了生活不能不忍耐；家庭主婦一生勤苦勞碌扶養
子女長大，覺得別無選擇；高度神經緊張的學生面對考試失敗，
以為這將是他人生的毀滅；不能合群與社交的人，認為是別人不
願意或拒絕與他往來；不會讀書的孩子認為自己如此的愚笨，真
不應該出生；妙齡少女認為自己對男生沒有吸引力；男人害怕與
異性約會，認為自己沒有口才會被拒絕等等。這會使他們產生壓
力和威脅，並嚴重影響內心情緒和身體健康。

　　在日常生活中，我們聽到的、看見的和感應的，不一定反映
事實的存在，一切決定於我們腦裡的認知和感覺。什麼是存在
呢？是否眼睛看得見的就是存在，眼睛看不見的就不存在？現代
物理學家指出，這個宇宙中存在著眼睛看得見的「明存系統」世
界和眼睛看不見的「暗存系統」世界。科學家將人類肉眼看得見
的世界稱為「第三度空間」，人類肉眼看不見的為「第四度空
間」。人類的眼睛只能看見三度空間的世界，看不見第四度空

間，而昆蟲的眼睛是複眼，只能看見平面的圖形。

請見圖3.3，昆蟲專家指出，蜜蜂只看見上排的圖形，但不能辨別下排的圖形。我們的眼睛視覺有時候也會出現偏差，如圖3.4所示的中心點的視錯覺，請你看兩個圖形的中心點，哪一個較大呢？事實上，兩個點的大小都一樣。還有，在圖3.5中的兩條橫線，如果你用肉眼來看，你覺得哪一條長呢？也許你會覺得上面的那一條較長，事實上它們是一樣長。因此，相同的事件可能會因為個人認知與感覺的差異，而產生不同的壓力。

壓力也是潛意識的反應

人類的心靈活動包含兩個部分：醒意識和潛意識。簡單的說明，醒意識就是醒覺的意思。在平時，我們思想、分析、理解、提問、爭論以及行動等，都是用我們的醒意識來支配的，也就是我們醒意識作用的結果。這種有意識的想法是理性、邏輯的、有規則性的，但它只是人類心靈的一部分活動而已，猶如冰山的十分之一浮在水面之上；埋藏在水底下十分之九的就是潛意識。在圖3.6中，我們可以看到當意外或恐懼的事情發生時，人的醒意識首先感應到而產生恐懼情緒，如果恐懼的情緒沒有及時消除，經過一段時間後，他忘記了發生的原因，恐懼就會進入潛意識裡而引起緊張情緒，同時出現相關的症狀，當發現了症狀後就會更加的緊張，最後又產生更多的相關症狀，在潛意識裡引起惡性循環。

不論什麼時候，當我們用醒意識去做事情時，我們都是處在警覺狀態之中。但好多事情是在我們不知不覺中做的，一點醒意識也用不著。譬如走路，你曾想到要用哪一隻腳先走嗎？你知道

圖3.3 蜜蜂的視覺

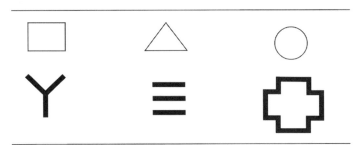

圖3.4 中心點的視錯覺

圖3.5 兩條橫線的錯覺

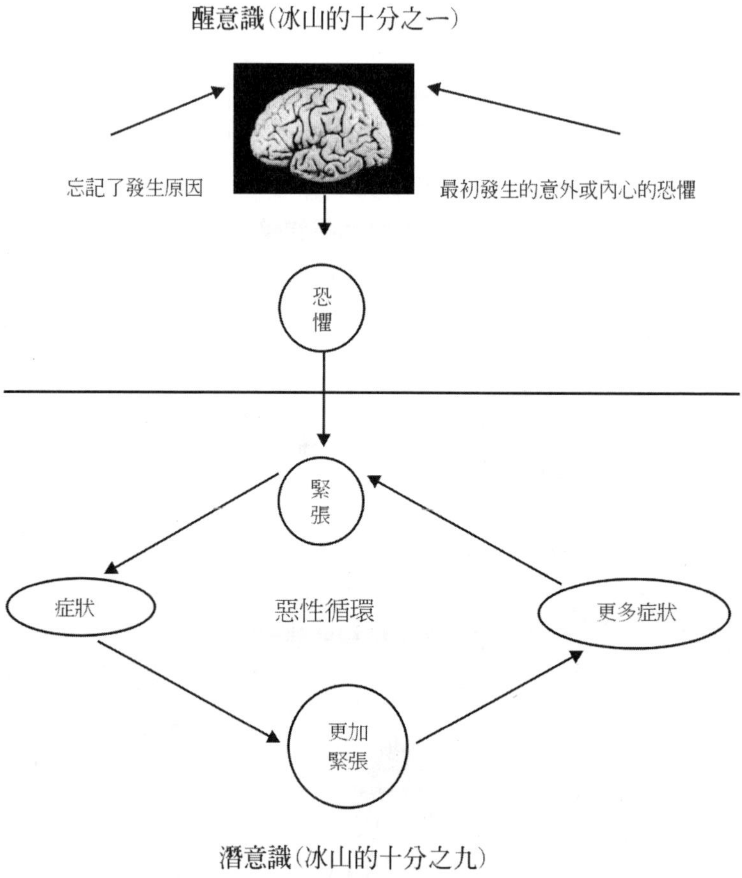

醒意識（冰山的十分之一）

忘記了發生原因　　　　　　最初發生的意外或內心的恐懼

恐懼

緊張

惡性循環

症狀　　　　　　　　　　　更多症狀

更加緊張

潛意識（冰山的十分之九）

圖3.6　人類心靈活動的兩個部分：醒意識與潛意識

走了多少步嗎？你不會知道，除非你用醒意識去數。當你的醒意識決定要走路或行動後，一切都是自動進行了，這就是潛意識所支配。

我們的一生都在學習。當開始學的時候，我們的醒意識會進行很大的努力，一旦學會或熟練之後，就不再想它了。譬如我們初學走路時，就會用醒意識去想：究竟要用哪一隻腳先走才不會跌倒呢？而且走路時還得全神貫注以防止摔倒，這些動作都是在我們的醒意識控制之中。但當我們熟悉了之後，再也不需要去想要先用哪一隻腳走才安全，醒意識也就少用，一直到不用為止。

還有像你現在的坐姿，在你坐下來之前，是否想過自己要怎麼樣坐才會覺得最舒服呢？沒有。但是你會很自然選擇自己最習慣最舒服的姿勢坐下來，不是嗎？眨眼和呼吸也是一樣，你曾經數過自己每分鐘眨了幾次眼、呼吸幾次最適當呢？也沒有。你完全依靠直覺反應來決定自己的需要。

這說明我們的醒意識已經逐漸轉移到頭腦的另一部分。這個部分就是潛意識，包括任何不用意識去做的事情。例如在夜裡睡覺時，我們失去了所有的醒意識，但心跳和呼吸不會停止，體內的化學反應也不斷進行。換句話說，我們能夠生存就是依靠體內的功能正常運行。是什麼控制這些功能正常的運作呢？就是我們腦中樞的自主神經系統。潛意識就是由我們的腦中樞、脊髓和自主神經系統所組成的，它控制著我們身體內部所有的器官，包括消化、循環、呼吸、生殖與內分泌系統，還有身體的每一個細胞功能以及直覺與記憶等，不論白天和黑夜都在不停地運作。

對外界的刺激反應，我們首先需要感知。用什麼來感知呢？是醒意識或是潛意識？

在日常生活中，我們需要不斷從周圍環境得到信息，包括冷熱潮溼等，它通常是通過感官系統達到的。例如聆聽音樂的時候，我們經常閉著眼睛專心傾聽，這是有意識的行動。我們這樣做，是爲了得到更好的感知效果。因此，我們可以說外在的刺激是直接通過醒意識感應的；但是，並非所有的刺激都是如此。你只要想一想就會知道。譬如說夜裡睡覺時，氣溫下降，室內溫度變冷，你會突然醒來，這是因爲感覺到冷的緣故。但這感覺到冷一定是通過潛意識感應的，睡著了，醒意識不可能感應得到。因此，我們說潛意識也可以感知外界的刺激。我們做夢就是潛意識在運作，不論美夢或惡夢，興奮、快樂、恐懼和痛苦等情緒反應，都如同眞實發生一樣。不過，做夢時只有自主神經系統發生作用而已，隨意神經系統不發生作用，所以我們做夢時不能按著夢而隨意行動。當夢醒時，我們知道那是在做夢，不是眞實發生的事情。有時，做夢可以讓在現實狀況下做不到的事情，在夢中得以完成。所以，做夢是潛意識的反應。潛意識是生命力量的源泉，包含了你所有的希望與夢想。

有些事情我們可以記得很清楚，有些事情我們一點也記不起來。有時候，不論如何絞盡腦汁也想不起來，但經過了一段時間後，記憶卻突然出現。例如你認識多年的一位朋友，怎麼想也想不起他的名字，在無意中，他的名字卻出現了。這如何解釋呢？

我們一生中所知道的一切東西，全部都儲存在我們頭腦的記憶中心，就像記憶銀行一樣，到我們需要用它時就可以取出來。問題是，記憶銀行在哪裡？如果只存在於我們的醒意識裡，我們不必費太大的功夫就可以找得到，而且也一定會找到。但是，我們的記憶有時候很難找出來，可見有些記憶必定存在我們的潛意

識裡。

總之，當我們要運用記憶力時，醒意識一定有通路到達記憶銀行裡，提取我們需要的東西，因此，醒意識和潛意識一定能夠互相溝通。這就是我們的記憶會突然喚醒的原因。所以壓力不但是醒意識的認知與感覺，而且也是潛意識的反應。請見圖3.7。

當我們面對緊張、壓力和危險的時候，醒意識會首先感覺到，身體立刻做出搏鬥或逃跑的反應。這對於我們的生存很重要，因爲它使我們的身心能夠做出妥當的調適。如果身體反應不是在醒意識下進行，那麼就必須通過潛意識感應發生。如果壓力因素長期在潛意識裡反應，我們的內心就會產生一種莫名的緊張、焦慮、壓力和恐懼情緒，甚至引起憂鬱症等。例如，發生地震之後一段日子，有些人的潛意識裡仍然存在著地震的恐懼陰影。潛意識的形成只是一瞬間，但對我們的影響卻是一輩子，如果父母在背後偷偷的罵孩子，讓孩子無意中聽到了，很可能會進入他們的潛意識裡，影響著他們的人生觀以及對父母的感情。

我們知道，地震的發生只是一瞬間，但卻引起了嚴重的創痛或災難後壓力症候群，使受災難者的身心健康遭受到嚴重損害。潛意識一旦形成後，往往會趨向於極端化，不是極端的美化，就是極端的惡化。譬如，你的醒意識裡存在一點點輕微的壓力、緊張和害怕情緒，若你沒有適當的調適或消除，一段時間之後它就會進入你的潛意識裡，使你出現莫名其妙的焦慮與恐懼。同樣的道理，如果你能在別人的潛意識裡播下一點點愛和快樂的種子，它就會結出非常大的愛情與愉快的果實來。如果父母、師長能夠經常給孩子勉勵、照顧與愛心，不要動不動就憤怒、打罵及譴責，對孩子一定會有很好的效果。

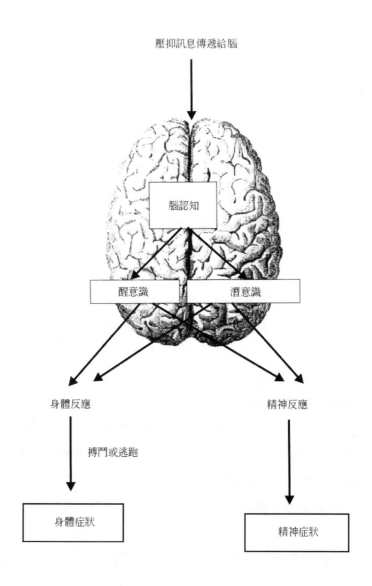

圖3.7　醒意識與潛意識能彼此溝通

從醫學觀點來看

人腦構造的微妙

19世紀中期，美國有一位年輕工頭名叫費納斯·蓋吉（Phineas Gage），25歲，負責帶隊修建一段鐵路工程。當時修建鐵路需要平鋪鐵軌，如碰到高山或岩石，必須先用炸藥炸開，整平路面後才能鋪上鐵軌。那時候沒有先進的爆炸技術，必須先用鐵棍尖把岩石挖開一個洞，塞入火藥，然後等人跑到安全的地方，才引爆火藥。在1848年9月13日，當他剛把火藥塞入岩石尚未跑開，火藥就突然爆炸了。鐵棍尖從他的左下嘴巴穿過頭頂近中線部位（額葉）出來，把他彈開數公尺之遠。令人驚奇的是，他很幸運的沒有死，還能清醒說話。同事們趕緊把他放在牛車上，送回約兩公里外的營地裡。到了營地，他自己站起來走回到他的房間。醫生約翰·哈洛（John Harlow）及時趕到治療，檢查他的頭顱後，發現他的頭顱被炸穿的洞口約與大拇指一樣大小（圖3.8）。

幾個月後，傷痕癒合，但他卻變成了一個完全不同的人。從前他是一個勤勉、性情溫和、有同情心和做事負責的人，現在卻變成了一個頑固、脾氣暴躁、喜怒無常、猶豫不決和沒有責任心的人。這說明人的頭腦裡有控制人格與情緒的中心。這就是有些人祥和慈善，有些人暴怒凶惡的原因。

從19世紀開始，醫學界就認識到人腦的不同部位，控制著人不同的行為。古人不了解人腦的結構與功能，對人不同的行為，解釋為是人的悟性與靈性感覺不同的結果。宗教家則說是天賦我

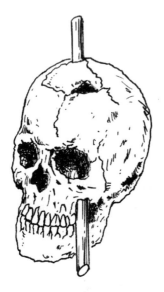
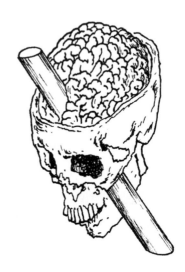

費納斯‧蓋吉死後的臉部模型　　　鐵棍穿透他的頭左邊額葉模型

圖3.8 費納斯‧蓋吉的頭部模型

們良知與良能，所以人應該從善。哲學家則有性本善與性本惡之爭論。現在我們知道，腦神經學家應用先進的腦神經影像掃描技術，已揭開了人腦活動之謎，發現了人腦中樞有所謂「道德指南」與「快樂中心」的部位，即認知與感情中心控制我們的行為與情緒，並使我們能夠分辨是與非，知善與惡。科學家從猴子實驗中，早已發現猴腦中樞存在「快樂中心」（圖3.9），科學家將電極連接在猴子的腦中樞邊緣系統，當猴子按下電源開關控制器的時候，電路接通電流就通過而刺激這個部位，猴子感覺到非常的快樂，因此不停地猛按電鈕，一小時可連續猛按約一千次之多，甚至餵香蕉給牠也不吃。

　　美國愛荷華州大學醫學教授達瑪西歐（A.Damasio）研究了

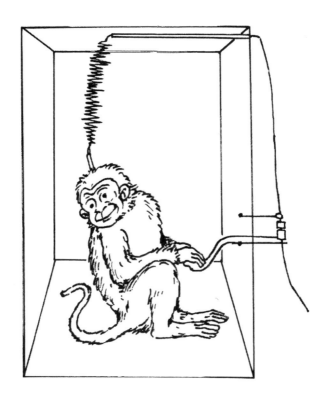

圖3.9 猴子腦中樞的快樂中心

15位年輕罪犯,發現他們在嬰兒期腦部都曾經受過傷害,致使認知與感情中心發生障礙,不能夠學習正常的行為規則和社會道德、法律,因此長大後變成了不負責任、具破壞性、不合群的人格。這個重要中心在哪裡?就在眼窩和鼻樑後部的位置,包括腦額前葉部分皮質,以及腦中樞的邊緣系統。邊緣系統包括丘腦、下丘腦、海馬和杏仁核等結構(圖3.10)。

現在,腦神經學家已發現在壓力、焦慮情形下,人腦會發生

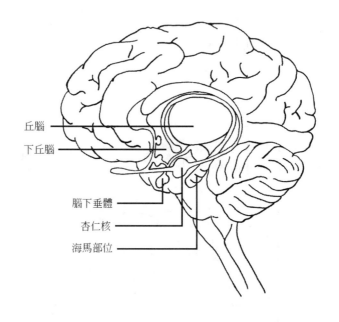

丘腦

下丘腦

腦下垂體

杏仁核

海馬部位

圖3.10　邊緣系統

　　變化。人腦有兩個主要部位負責對壓力、恐懼及危險狀況起反應：

　　（a）**杏仁核**：它直接連接腦視覺皮質，對恐懼產生很敏感的反應。如果我們看見一條蛇橫在我們面前，或一輛汽車向我們迎面衝來時，我們就會立刻產生直覺反應而避開危險。

　　（b）**海馬部位**：它掌管著我們的經驗、學習、分析、判斷是非善惡，以及儲存長期記憶等。尤其所儲存的記憶與經驗，對我們的生存非常重要，使我們能夠保持並發揚對生命有益的東

西，面對有害生命的環境，能夠產生條件反射反應，避免重蹈覆轍。

當我們看見蛇時，杏仁核在萬分之一秒之內，就能將威脅或危險的訊息，從前腦迅速地傳遞到邊緣系統加以整理與分析後，再立刻通過丘腦與腦垂體的作用，而引起一系列的化學反應。首先，腎上腺髓質和皮質分別分泌抗壓力荷爾蒙——腎上腺素和可體松，腦神經分泌神經荷爾蒙或神經傳導物質（例如血清素、腦內啡、正腎上腺素等），使我們的身心能夠高度警覺，產生搏鬥或逃跑的自然反應機能以應付危險，同時調節痛苦和憂鬱情緒，減低或消除壓力。海馬部位對於可體松非常敏感，會使我們的認知功能馬上警覺，並動員我們身體內的全部系統功能來應付危險狀況。這種反應機能對我們的生存非常重要，但是長期開啟這個機制，反而會降低身體免疫力，容易感染疾病，對我們的身心健康將會造成嚴重損害，尤其當危險已經不存在，而我們仍然不能適當控制它的時候。

人腦神經中樞，由$1,012 - 1,015$個神經細胞構成，多如銀河系裡的群星。大腦活動的細胞是神經元，占大腦細胞總數的$1/10$。神經元細胞能夠傳導電波，每小時400公里，14個神經元細胞可以產生1伏特的電能量，8,400個神經細胞可產生600伏特的電能量，可見腦神經能夠產生大量的電能。平時我們一個普通想法，就需要1,000個神經細胞同時相互交替作用產生。腦細胞相互交錯，構成網絡狀，每個神經細胞儲存著特別的資料、記憶、感覺、認知、理念、知識等。一個50歲的人，腦儲存的資料約有10^{12}之多，就是1之後附有12個零。

我們的大腦儲存著所有的訊息，控制著我們的健康、免疫、

記憶、思想、快樂、痛苦、想像力，五官的感覺，及調節消化、循環、呼吸、生殖和內分泌系統功能等。我們一生的所有資料都儲存在潛意識裡，好的和壞的都全部儲存起來，影響著我們的行為和情緒，以及心理和身體的健康。

左腦和右腦的不同功能作用

現代神經生理學家通過各種實驗，證實人類頭腦處理資訊的方式有兩種：左腦（語言）處理和右腦（影像）處理（表3.2）。右腦的主要功能是負責認知、感情、壓力、直覺、搏鬥或逃跑反應、想像、做夢、所有內在感覺經驗、創造性、視覺形象化、文學和藝術等，以及將外界傳遞給腦中樞的訊息，通過腦神經細胞傳遞給左腦。左腦的主要功能是接受右腦傳遞的訊息，加以分析、判斷、合理化、邏輯思考、語言表達、做出決定和行動等。腦神經學家證實，人所以感受到壓力，與右腦的活動功能有密切關係，因為它掌管恐懼、憂鬱和悲傷的感覺，壓力是人的醒意識和潛意識認知與感應的結果。

同時，潛能與智能的開發，靈感創意的產生，以及催眠啟示能夠產生療效等，都與右腦的功能活動有關。如果我們的左右腦能夠同時好好開發與運用，尤其發揮右腦能力，使它能將直覺的訊息迅速傳遞給左腦，加以分析、整合、推理與思考，並以適當的語言或文字表達出來，人類才能表現出優秀的智慧及能力。請參考日本七田真博士著作《右腦智力革命》，這是一本值得推薦給教育工作者和家長閱讀的書。

表3.2 左腦和右腦的功能表

左腦負責處理如下功能：	右腦負責處理如下功能：
語言	非語言（想像、做夢）
數字	非數字
時間	非時間
思考連續性	直覺、靈感
邏輯推理	認知、創意
合理化	感性（喜怒哀樂情緒）
解決問題	壓力、搏鬥或逃跑反應
短期記憶	長期記憶
隨意神經系統（說話、行動等）	自主神經系統免疫系統

　　科學家如何知道右腦與做夢及影像處理有關呢？《右腦智力革命》一書告訴我們，這是腦神經學家意外而有趣的發現。在30年代，腦神經學家為了控制與治療癲癇病人，將連接左右腦的腦樑切斷，並以電力刺激其右腦，在一個偶然的機會下，發現患者的腦裡不斷出現影像，猶如在夢幻中。因此，發現人的右腦與做夢有關。

　　醫學家曾對手術分割左右腦的病人做實驗，即放置一個屏風在他的左眼和右眼之間，以分開左右兩邊的視野，在其視野之間放置著不同的幾何圖形，如方形、三角形與圓形等，以觀察其反應。在病人毫不注意的情況下，突然在左視野內放置一張女人的裸體照片，發現病人表情尷尬的笑出聲來。問他看到什麼？為什麼笑呢？病人無法用語言表達出來，只是說「醫生啊，這簡直是一件不可思議的奇景！」因為進入左視野的裸體照片，直接的傳入右腦，在右腦出現了影像，而右腦又不會「說話」表達，左右

腦的連接既被切斷了，右腦就不能夠將訊息傳遞給左腦加以分析
與思考，左腦無法以語言表達出來。因此，科學家發現了右腦是
想像的腦，處理與看見影像的腦。

　　右腦的這個功能很重要，它能夠使我們在錯綜複雜的背景中
發現隱藏的影像，或對物體瞄一眼就出現圖形，建立起照相式記
憶能力。右腦的特殊功能對人類祖先的生存非常重要，因為面對
猛獸的襲擊與瞬息萬變的大自然，必須迅速識別，及時做出適當
的反應。科學家再做進一步的實驗，即在分割腦的病人的左眼視
野內，放置一個蘋果，蘋果的影像直接傳入了右腦，然後問他看
到什麼東西時，雖然他無法用語言表達出來，但卻能夠在香蕉、
鳳梨、桔子和檸檬等水果中，找出蘋果來。因此證實左腦是做出
決定與行動的腦。

現代人的壓力

　　現代人壓力的來源，與人類祖先比較已發生了很大的變化。
現代的社會環境，已不同於古代人類的社會環境。今天我們面對
的挑戰，很少是純粹身體方面的，經常是非常複雜的因素。雖然
人類祖先的搏鬥或逃跑機能，仍然存在於現代人身上，我們再不
能以簡單的搏鬥或逃跑反應機能，來應付現代複雜的壓力因素和
不斷變化的社會環境。譬如你可能與老闆意見不合，但你能夠和
老闆摔跤搏鬥，把他摔倒在地上嗎？你不能。現代人面對的危
險，已經不是大自然裡的猛獸了，危險或許是來自來往穿梭的車
輛，或是街頭暴力的襲擊。

　　在澳洲，每年有十多萬宗暴力案件發生；每年超過三千人死

於汽車輪下。現在城市裡居住的人，一生中不會碰到凶猛的老虎迎面衝來，甚至連一隻野狗也不易碰到。你也不一定會經驗到暴力的打擊，但你會經常從新聞媒體和電台的報導中，知道每天都有暴力或犯罪的事件發生，你會感到社會到處不安全、生命經常受到威脅，使得你的身心產生壓力、緊張、恐懼、憂慮，甚至頻繁惡夢。

　　我們面對的壓力因素多且雜。譬如你覺得汽車有很多好處，但當你上班時交通阻塞了好幾個鐘頭，你不能立刻到公司處理緊急的事情，或者因你遲到而影響工作程序，你的血壓馬上就會升高，心情緊張而引起頭痛，心中十分焦急和煩躁。這就是壓力！

　　還有，如果在一個深夜裡，你應酬回家停車後，突然發現有人跟蹤，你不知道是什麼人，你會開始緊張與恐懼，毛髮豎立、心跳加快、呼吸迅速。這就是壓力！或者在一個美麗的早晨，你駕駛著名牌轎車去上班，有特別的停車位等著你停車，你心情非常愉快的走進辦公室。你在這辦公室裡已經有好幾年了，好不容易才爬上這個位置；你擁有一棟很好的房子，孩子就讀著名的學校，聰明而有前途。但現在，你發現你的辦公桌上，有一份來自公司總裁的通知，裡面寫著：「由於經濟原因，公司考慮需要合併幾個分支機構。請你事先研究一下，你可能歸併入某分機構。」這時，你感覺到臉部發熱、心跳加快、呼吸緊迫，心中湧起憤怒和反抗的情緒；但你考慮到你的工作前途、家庭以及孩子，你不能不壓抑住內心的激動情緒，保持冷靜和鎮定。你更不能衝進總裁的辦公室與他搏鬥，把他摔倒在地上然後逃跑。這就是壓力！

　　科技的進步使你既高興又害怕，機器和電腦代替了許多人

力，使不少人因而失業。經濟和工商業結構發生變化、科學技術發生變化、家庭和社會發生變化、宗敎發生變化、生活環境發生變化等，這些因素都會使人產生壓力。如果沒有變化，社會會停滯不前，而變化又會帶來許多問題，使人們產生身心壓力。以家庭來說，傳統的倫理道德變化，使孩子與父母之間的衝突越來越多，父母的價值觀念對孩子沒有任何正面的影響作用，靑少年問題叢生，犯罪率增加，家庭離婚率增多等。以國家來說，商業全球化與壟斷、通貨膨脹、經濟不景氣、失業與貧窮等。以社會來說，暴力、凶殺、搶劫等治安不良案件層出不窮。以環境來說，空氣與水源污染、核子發電的意外或戰爭的威脅等等。這些都是壓力的因素啊！也許，你還可以找出更多的壓力因素！

　　事實上，在我們生命的過程中，存在著適當程度的壓力，對於維持身體機能是需要的，它能夠激勵我們上進與學習、創造發明、促進社會進步等。人類的身體結構和機能得到自然的恩賜，使我們能夠應付壓力和危險；但是壓力的因素，每天都有，到處都有。你不要期望沒有壓力的生命，如果生命沒有壓力，你的前途也等於零了。如果有一天你發現你的工作一點壓力也沒有，你不要高興，那可能表示你已屬於可有可無的角色，或許等待著被解僱了。眞的，只有一種人沒有壓力，那就是死人。人死了，解脫了！

　　現代人的最大問題是，我們運用自然恩賜的生存機能——搏鬥或逃跑反應，對付不是生命威脅的因素過度的反應。譬如你一天中用了三倍的搏鬥或逃跑反應機能，對付的只是不和的鄰居，或只是錯過了工作時限，那你會擔負著超過人類祖先很多倍的壓力，你身體內的防衛機能就會過度負荷、緊張混亂，使你頭腦對

壓力的認知發生困擾、焦慮、恐懼等，將會嚴重的影響你的身心健康。

壓力因素何其多

現代人的壓力因素很多而且複雜，包括個人、家庭和社會等方面。

1. 個人因素：個人壓力多由於情緒或感情所引起，如怕失敗、怕被拒絕、恐懼、緊張、不安、焦慮、羞恥和罪惡感，極端的憤恨和暴怒，失去性慾；以及身體健康發生變化，如高血壓、高膽固醇、頸背痛、心臟病、哮喘、胃或十二指腸潰瘍、頭痛、癌症等。

2. 家庭因素：包括家庭、子女及父母等問題。

   家庭問題

   （1）與情侶關係破裂

   （2）婚姻發生問題

   （3）嫉妒

   （4）分居或離婚

   （5）家庭經濟困難

   子女問題

   （1）學校發生麻煩

   （2）青少年問題

   （3）酗酒抽煙吸毒

   （4）失學

   （5）犯法

（6）婚姻破裂財經困難

父母問題

（1）共住一起發生磨擦

（2）居住遠地聯繫困難

（3）健康惡化或嚴重疾病

（4）依靠奉養

3.工作因素：

（1）失業

（2）工作不如意，老闆苛刻

（3）與同事不和

（4）工作環境不安全、陰暗、潮溼、噪音或污染

（5）上級無理要求

（6）職業不穩定

（7）怕引進新技術

（8）工作職責不明確

（9）長期上班交通阻塞

（10）工作超量和壓力過大

（11）職業婦女雙重負擔

（12）工作成績未獲認同

4.社會環境因素：

（1）移民國外

（2）壞鄰居或與鄰居相處不好

（3）社會治安不良

（4）金錢、財富、物質、貧窮

（5）暴力、凶殺、強盜、搶劫

（6）販毒

（7）天災、人禍、戰爭

（8）居住環境擁擠或污染

（9）核子電廠和試爆威脅

5.食物與飲料中的化學物質：

（1）咖啡：咖啡中含有咖啡鹼，咖啡鹼也存在於茶葉、可可、巧克力、軟性飲料和止痛劑裡。如果每天喝六杯以上的咖啡，咖啡鹼會刺激腎上腺素分泌增加，使神經緊張，引起情緒急躁和失眠，對心臟病患者有不良的影響。咖啡鹼也可以利尿，使體液大量消失，引起體內電解質不平衡。

（2）酒精：酒精與咖啡一樣，可以刺激腎上腺素分泌增加，同時影響營養和維他命的吸收。一般人對酒精的耐力是10公克（標準飲量），長期飲用過量會引起酒精中毒，降低性功能，損害肝臟功能，使肝臟不能排除有毒物質，引起肝硬化，不能分解、代謝與排除抗壓力荷爾蒙，使身心長期處於緊張狀態。酒精還會嚴重損害腦神經細胞、影響記憶和工作能力。

（3）煙：煙含有尼古丁，它可以促進腎上腺素分泌、提升壓力的忍受度。這就是有人認為抽煙或喝酒能暫時放鬆身心的原因。但長期抽煙或喝酒對健康有害，它會繼續不斷的刺激腎上腺素分泌，而長期性的分泌會增加壓力、緊張和失眠、降低免疫力，容易感染疾病。同時尼古丁影響維他命 B、C 的吸

收。長期抽煙還會引起呼吸困難和氣喘，甚至罹患肺癌。2002年底，根據台灣國家衛生研究院經過20年追蹤研究發現，約有17,500人死於煙害，即每小時死亡2人，吸煙者的壽命比不吸煙者少約22年。女性吸煙人口大增，成為女性健康的殺手，患子宮頸癌比不吸煙者多5.8倍，患肺癌者多3倍。

（4）精製糖：食用過多，會引起腎上腺素分泌，使血糖不平衡，削弱心肌血液循環、免疫系統及胰島素的功能。

（5）鹽：鹽和高血壓有關聯。當人遭受壓力的時候，腎上腺素分泌增加，促使鈉滯留增多與鉀大量流失，引起肌肉衰弱和抽筋，以及神經混亂衰弱等症狀。

精神學家發現，現代人的壓力，大部分都是由於情緒問題所引起的。雖然純粹性的身體因素，如身體細胞組織損傷、失血、傳染病或中毒等，也是很重要的壓力因素，但是，這些因素在日常生活中比較少發生，而情緒性的因素卻經常地出現，甚至身體方面所出現的一些症狀，也多數是由於我們的神經系統對負面情緒所產生的反應結果。

解讀你身心的壓力

我們知道，壓力不但是人類生命耗損的過程，也是生命調適與恢復的過程。早在2,500年前，被稱為現代醫學之父、希臘的偉大哲學家和醫學家希波克拉底斯（Hippocrates）已指出，疾病不僅是身體的痛苦，也是身體的調適與抗爭，以及恢復健康的過

程。世界著名的醫學專家、加拿大蒙特利爾大學教授，實驗醫學和壓力研究所主任漢斯・賽利（Dr. Hans Selye），長期研究有關現代人類壓力的問題，創立了著名的壓力理論。他指出，壓力是人對身心壓迫所產生的綜合症狀做出整體調適的過程。

因此，我們必須好好的調適壓力，否則會引起身體、心理、精神和情緒不舒服的感覺，甚至是疾病的發生。大部分人都很容易發現身體方面的病痛而立刻去看醫生，但卻很少人會注意到壓力對身心健康的影響。

我們會對汽車進行定期保養維修以發現問題，甚至當我們開始發動引擎時，從引擎聲音中就可以聽出汽車的異常。但對於自己的身心，因壓力所產生的心理（精神）病症，卻往往沒有感覺，直到明顯影響身體功能後，去看醫生求治療，有時為時已晚。因此，我們必須先了解壓力對身心健康的影響後，才能夠正確的調理生命。

面臨壓力的三階段反應

根據賽利醫生的研究，當人類感受到壓力時，身心就會產生一系列反應。這反應有三個不同的階段：警覺階段、抵抗階段及耗竭階段。

1.警覺階段：在這個階段，身體與心理首先覺得有壓力存在，人腦部接受了這個警訊，開始做出不同程度的戒備。譬如，人處在恐懼的狀況下，身體立刻產生一系列的化學變化，首先，抗壓力荷爾蒙（腎上腺素和正腎上腺素）分泌增加，促進血糖大量釋放，使頭腦與肌肉的能量增加，心臟跳動快速，血壓增高，脈搏加快，血液循環增強，使血液流向四肢肌肉，同時消化功能

暫時降低，增強身體的運動潛力，以便防衛或逃跑反應。在這段期間，有些人會感覺到身體不舒服，出現頭昏、惡心、嘔吐、呼吸加快，以及手心潮溼的現象；有些人會出現記憶力減退或工作技能降低。在這個階段，心理比較堅強的人可能只是流淚或發抖，但脆弱的人會像小孩子一樣，出現難於控制的行為，情緒不穩定，常感到自己不如別人，或相反地過度相信自己的能力，以致偶遇挫折而難於忍受，或以對方為假想敵，但又覺得未能超越他。有時自己深信與堅持某種信念，如果發現他人不符合這種信念行事時，即感到非常鄙夷和憤怒。

　　2.抵抗階段：壓力持續一段時間後，就會進入抵抗階段。在這個階段，一般人會出現身體或心理的症狀，但大腦中樞神經系統會努力調適、消解壓力，身體也會努力去消除壓力的症狀，以恢復身心的平衡。有些人會出現抵抗壓力的行動，或想出各種方法去消除或逃避壓力，甚至與壓力共存等。

　　3.耗竭階段：如果壓力與挫折的程度很嚴重，身體難以應付，就會進入耗竭階段。在這個階段，身體所有的內在系統都會動員起來調適壓力，如果在這期間不斷出現新的壓力因素，就會引起身心耗竭。如果繼續耗竭下去，就會嚴重影響身心健康，而且引起突然死亡。長期處於這個階段，身體內的免疫系統功能會嚴重受損，特別易受疾病的侵襲，如傷風感冒或其他傳染性疾病等。

壓力會引起身心不適

　　1.心理（精神）方面（圖3.11）
　　如果壓力的因素長期不斷地刺激腦中樞神經系統，就會使人

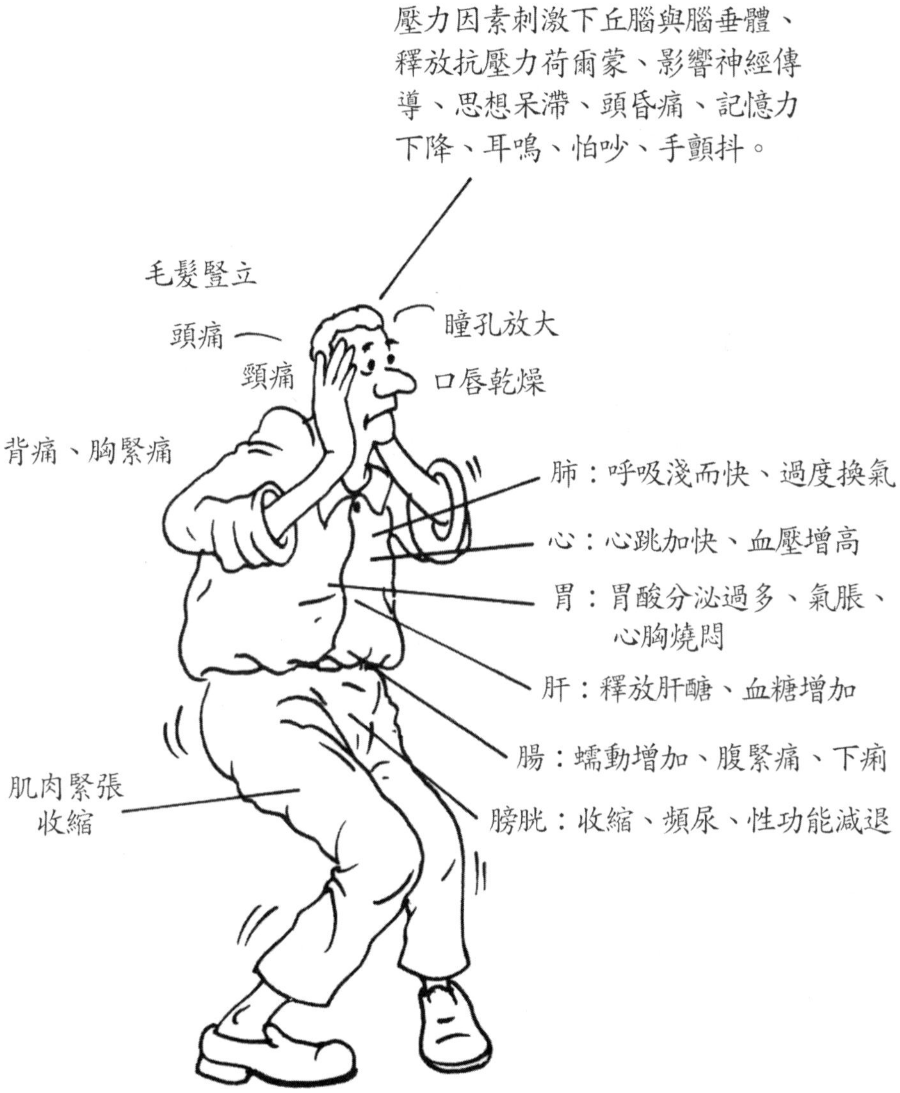

壓力因素刺激下丘腦與腦垂體、
釋放抗壓力荷爾蒙、影響神經傳
導、思想呆滯、頭昏痛、記憶力
下降、耳鳴、怕吵、手顫抖。

毛髮豎立

頭痛

頸痛

瞳孔放大

口唇乾燥

背痛、胸緊痛

肺：呼吸淺而快、過度換氣

心：心跳加快、血壓增高

胃：胃酸分泌過多、氣脹、
　　心胸燒悶

肝：釋放肝醣、血糖增加

腸：蠕動增加、腹緊痛、下痢

膀胱：收縮、頻尿、性功能減退

肌肉緊張
收縮

圖3.11　壓力引起的身體症狀

長期陷入負面情緒。首先會出現健忘、記憶力減退、不能集中精神學習或做事等症狀。劍橋大學神經解剖學家喬‧赫伯特（Dr. Joe Herbert）研究證實，長期壓力影響人腦神經荷爾蒙血清素、正腎上腺素的不平衡，致使這些荷爾蒙含量降低，而這些荷爾蒙的含量降低與憂鬱焦慮症有直接關係。使用藥物如百憂解或樂福得，能夠刺激腦神經增加分泌這些神經荷爾蒙，因此可以控制或消除憂鬱焦慮症。但是長期服用會產生不良的副作用，有些人會萌生自殺意念。幸運的是，我們現在可以不用藥物，只要運用正確的生命調理法，就可增加腦神經荷爾蒙的分泌（後面將會詳細說明）。

2.行為方面

壓力所產生的行為症狀，包括暴食、厭食、酗酒、濫用藥物、嗜煙、逃避現實、譴責他人、做事倉促、說話快速、笑聲尖銳、疑心、防備、攻擊、賭博、過度消費、不守信、遲到、缺席、衝動、無休止的看電視等。

3.身體方面

當人開始產生壓力的時候，首先引起的身體變化是肌肉緊張。人體約有五百多塊肌肉連接全身的每一部分，當人體感覺到緊張時，即通過神經纖維傳導到肌肉，引起肌肉的收縮或痙攣，壓迫到神經纖維就產生痛的感覺，長期如此，會引起不安與神經質。

身體方面的症狀，包括緊張性頭痛、背痛、頸痛、肌肉緊痛、磨牙、下巴痠痛、口唇和手顫抖、口吃、全身緊張、偏頭痛、胸緊痛、下痢、便秘、頭昏、暈眩、耳鳴、怕吵、怕光線、夜間盜汗、胃腹脹氣、口乾舌燥、心胸燒悶、手腳冷溼、性功能

消退、疲倦等。

4.壓力可誘發的疾病

大量的醫學研究資料證實，長期嚴重的壓力，經常會引起焦慮憂鬱症，可以誘發如下疾病：心臟病、高血壓、高膽固醇、心肌缺氧絞痛、胃或十二指腸潰瘍、不孕、冷感、早洩、陽痿、癌症、猝死、氣喘、敏感、憂鬱症、恐懼症、焦慮症、皮膚炎、關節炎、強迫性暴食或厭食、肥胖症，以及酒精中毒等。

以心臟病爲例說明。我們知道，人的心臟大小就像拳頭一樣，成年人每分鐘心跳60～100次，每次心跳壓出75～100毫升的血液，人體共有血液量5～7公升，每60～90秒全部血液要通過心臟循環整個身體一次，一天24小時心臟要壓出約一萬公升血液循環全身。如果人活到70歲，心臟總共跳動2.5億次。當情緒激動、恐懼、緊張、焦慮、憂鬱、受傷、病痛或運動時，心跳會激烈增速，如果加上膽固醇和三酸甘油脂的含量過高、心血管狹窄，就很容易引起心肌梗塞而猝死。根據美國加州杜克大學（Duke University）精神和行爲科學系主任威廉（R.Williams）教授最近研究發現，具有心臟病史的人中，15～20％的病人在未發病之前，已在臨床方面證實患有輕度的焦慮與憂鬱症。在沒有心臟病史的健康人中，如果患有嚴重或輕度的焦慮或憂鬱症，在5～10年之間，心臟病的發生率會增加三倍半。在心臟病發生六個月之內的病人中，如再患有嚴重焦慮或憂鬱症，其中20％的病人會死亡，而沒有嚴重焦慮或憂鬱症的病人中，只有3％的死亡率。威廉教授還發現，患有嚴重焦慮或憂鬱症的人，發生心臟病的死亡率比一般人要多出5～6倍。

5.壓力與懷孕

根據丹麥醫學家在2000年9月的著名醫學雜誌《剌胳針》
（ *Lancet* ）的研究報告，他們經過12年研究24,000位懷孕婦女，
發現在懷孕期間（尤其在前三個月）有嚴重壓力的孕婦，其中
1.18%的新生嬰兒會有先天性缺陷症，相對於沒有壓力的懷孕婦
女，只有0.6%的先天缺陷率。

6.壓力與癌症

在澳洲，每年癌症死亡率超過25%。很多醫學研究資料證
實，癌症的發生與壓力有很大的關係。美國兩位著名的治癌專家
賽門頓夫婦（Carl Simonton & Stephanie Simonton），發現嚴重
的壓力是癌症的主要誘因之一，因為它影響人體的免疫功能，改
變荷爾蒙平衡，促使不正常的細胞增生。很多癌症病人經過成功
的綜合治療後，往往因為害怕、擔心與恐懼，產生嚴重的身心壓
力，因而刺激癌症的復發。美國紐約應用生物研究所專家勞倫斯
‧雷相（Dr. Lawrence Leshan），經過12年研究了450位癌症病
人，發現這些病人普遍具有三個心理特徵：（1）大部分的病人
都體驗或感覺到癌症之後，喪失了非常重要的人際關係。（2）
一半以上的病人，表現出對他人的不滿情緒。（3）1/3的病人，
對其他癌症病人的死亡消息，表現出高度的緊張與恐懼。這些情
緒問題，對於癌症的治療與康復有很大的負面影響。

第四章
發揮潛能，促進身心健康

　　無限的潛能蘊藏在你的潛意識裡。潛意識是生命的泉源，充滿了希望、想像、認知與理念。潛意識也是生命的寶庫，蘊藏著豐富的智慧、無限的聰敏、強大的潛力以及卓越的洞見。潛意識也是一種促進和維持我們健康的動力。下面幾種重要的力量，是促進我們人格發展和身心健康的無窮盡源，你必須善用它們，發揮你的潛能，以成就人生的快樂與幸福。

精神的力量：應驗的預言

　　自古以來，人類就知道病痛與心理影響身體健康。我們的想法、認知和理念會引起我們的情緒感應，而這些情緒感應能產生強大的身體反應，有好有壞。

　　人的精神力量十分神奇而奧秘。我們既不能把它分解開來，放在顯微鏡下觀察它的大小；也不能把它放在天平上衡量重量。甚至無人看見過它是什麼樣子，但我們都相信它的存在。一個人的內心想法，別人不會知道，除非你告訴他。我們不需要運用物理學的定律去了解精神的力量，正如我們不需要了解汽車的機械

原理也可以開車一樣。如果每一個人都能夠掌握和運用精神力量，對於我們的人生將會有很大的幫助。

我們同時生活在自己的兩個不同世界裡，即內在（心）世界和外在世界。我們的內外世界必須經常保持平衡與協調，否則就會影響身心健康。這是因為我們經常對外在世界不滿足，或者不能分別內外在的世界，致使我們被外在世界的表象所困擾或控制。我們經常錯用了內心世界，只是把它當做一面鏡子，來反映外在所發生的事情，尤其是外在世界不好的以及不滿足的一方面，因此使我們產生壓力。我們從來沒有運用和體驗過內在的真正力量。

事實上，我們的內心潛力非常強大，它可以影響我們前途的成功或失敗。我們知道，脆弱與分散的精神，是脆弱與分散的力量；堅強和集中的精神能成為堅強和集中的力量。這很容易舉例說明：請你想像你手裡拿著一個放大鏡聚集太陽光線時的情景，如果把手中的放大鏡移來移去，太陽光的焦點就會離散而不能聚集在一起；如果把放大鏡拿著靜止不動，並且置放在適當高度的話，太陽光的焦點就會聚集在一起，變成強大的熱能而點燃物體。我們的精神也一樣，如果我們能夠學會如何發展與集中精神，它就能發揮出強大的內在潛力。

要寫好書畫，有兩個要點：一是「凝神靜思，端己正容，秉筆思生，臨池志逸」；二是「收視返聽，絕慮凝神，心正氣和，則契于妙；心神不正，字則欹斜；志氣不和，書必顛扑。」這是進入潛意識狀態後，精神高度集中的結果。當我們了解自己的內在潛力後，就可以集中意志力去發展和運用它。我們內心深處的信仰，我們的害怕和恐懼，我們的希望與理想，我們的憂慮及煩

惱，我們的人生態度、願望以及想像力等，在在影響著我們的思想、認知和理念，同時也影響著他人。

　　任何身體病症的發生，如果是由於內心引起的，運用內心的力量就可以治癒它。很多人往往不會運用自己的潛在力量，來使自己受益。譬如，你想要堅強，但你的潛意識裡認為自己很弱，那你就是在欺騙自己，這會使你永遠不能具有這種力量。

　　換句話說，如果你只是急迫的「想要」某些東西，反而不會實現。因為「想要」和「需要」不同，我們人生的基本需求只是食物、水、空氣、一個棲身之處，以及愛與被愛。如果你渴望享盡富貴榮華，富甲天下，萬古留芳，這是你「想要」的，而不是你「需要」的。

　　還有，你只是等待或希望某些事情自然變好，而沒有去發揮你的潛力，將不會有好效果。你只懂得每天16小時埋頭苦幹，而不運用你的想像力去創新或發明，那將浪費你的時間。當你重複地對自己說「我不能」，或「我能力有限，不會成功」時，那你不論做任何事情，再如何努力，也不會成功。因為你的潛意識裡已經接受了你的指令，認為自己真的不會成功。

　　如果你只憑理性的思考就能戒煙、戒酒或減肥，你早就成功了。原因與理由你都很清楚，但做起來卻很困難，這也是很多人不快樂與有壓力的原因。除非你從潛意識裡著手，徹底改變你的人生觀，你才能實現人生的願望、目的與理想。不然，你還是舊的你。如果你對於一個有成就的人表示感想時說：「這成就對他可能容易，但我的條件和環境不同。我是不會有成就的，因為我的父母沒有他的父母有錢。這些條件拖垮了我。」錯！大錯！特錯！你的條件和環境從來不會拖垮你，只有一件事拖垮你，就是

你自己的負面思想。如果你相信將會發生一些事情傷害你，那是很愚蠢的。請記住，不是你所想的事情會傷害你，而是你自己的思想或認知，在你的潛意識裡創造出來的結果。

在你的生命中，你所有的經驗、行動、事件和環境，都是你自己思想和認知的投射與反應。如果你持有進取的想法，滿懷的信心以及有計畫的做事情，可以確定的是，你的成功率會在85%以上。至於15%的不成功率，你會認為那只是運氣不好而己，你一定會再努力的去做，最後會成功的。但是，如果你持有消極的想法，如「我永遠不會」，「我從來不能做到這樣」，「那簡直是件難事」，「我一定會有錯誤」，「我經常是個失敗者」等等的話，你也會達到目的，不過這個目的是你的失敗率會在85%以上。至於15%的成功率，你會懷疑那是自己偶然運氣好的緣故。

你可以通過學習和鍛鍊，指揮你的頭腦激發出內在潛力。要知道，你內在的最大障礙，是不實際的觀念。我們的價值觀決定著我們的生活方式，只有當我們產生新的理念和發揮出內在潛力的時候，才能夠改變自己。我是誰？我的人生目的和意義是什麼？了解和肯定自己的價值，是了解人生目的和意義的關鍵。

我們相信什麼，就會得到什麼。大部分的人經常不知不覺違背自己的信念，假設許許多多的事情都是真實的。如果我們覺得自己沒有價值，那就會沒有價值；如果我們認為沒有出頭機會，那就會沒有出頭機會；如果我們覺得不會賺錢，那就不會賺錢；如果我們以為自己的人際關係不好，那就會不好。如果我們感到這不舒服，那也不舒服，那就會全身都不舒服。如果你能夠仔細的分析和思考，你會發現許許多多問題的產生，都是根植於內心錯誤的認知。

　　如果你的潛意識挑選負面的暗示，你就會接受那是事實，並不知不覺地以行動去促成相應的效果。如果你相信自己不健康、失敗、貧窮和困難，你就會在自己的腦裡，千方百計地去相信那是眞實的。

　　美國心理學之父威廉·詹姆斯（William James）曾說過：「人的理念和想像力是一種無形的力量。」因此，你心想什麼，就會得到什麼。在《舊約聖經》的〈約伯傳〉（3：25）裡，約伯說：「我所畏懼的，偏偏臨於我身；我所害怕的，卻迎面而來。」是的，不論是我們的憂慮、恐懼、信心或信仰，都深深根植在我們的潛意識裡，成爲自我應驗的預言。這就是爲什麼你畏懼和害怕什麼，它就會偏偏迎面而來的原因。同樣的道理，如果你具有正面的想法、正確的人生觀和堅強的信心，它也會迎面而來的。下面列舉幾個例子，說明精神的力量如何對人們身心健康造成影響。

你吞過小蛇嗎？

　　這是一個古老的中國故事。話說一位誠實的佃農，有一天去拜訪他的農莊主人。這位誠實的佃農不但平時勤勞工作，而且對主人甚爲效忠。農莊主人對他甚爲滿意，就帶他到客廳坐下，然後對他說：「啊，你今天來得正好，我剛才燉了一鍋上好的湯，請你喝一碗。」以酬報他平時的忠心服務。這位佃農接過碗將要喝下去的時候，發現碗裡有一條小蛇在游動，爲了不得罪主人，只好硬著頭皮喝下去。喝下去後不久，就感到胃腸很不舒服，遂向主人告辭趕快回家，到了家後立刻嘔吐。他在嘔吐物中，找來找去卻找不到那條小蛇，以爲已經被消化吸收了，心裡十分的害

怕。

第二天，他就病倒了，而且病情越來越嚴重。第三天，他回去看主人，因爲主人也是位中醫師。主人看到他來，又帶他到客廳坐下，對他說：「啊，你今天來得正好，我剛才燉了一鍋補藥，請你喝一碗，以補益你的身體。」這位佃農剛要喝下去的時候，又發現一條小蛇在碗裡游動，這時他忍不住了，大聲埋怨說：「我的病，就是因爲上次喝了有小蛇的補湯，才發生的！」主人聽後，禁不住哈哈大笑，同時用手指向屋樑上掛著的弓箭說：「那是弓箭的倒影在你的碗裡。哪裡有小蛇呢？」他又接著說：「那是杯弓蛇影！」

這位佃農端著碗看來看去，確定裡面眞是弓箭的倒影而不是蛇後，連那碗補藥也不喝了，馬上告辭回家。第二天，他的病就痊癒了。

想一想吧！我們一生之中，曾經吞食過多少「杯弓蛇影」呢？

信念或期待的應驗

以下是經過科學驗證、媒體報導的一件著名新聞。有一天，一個芝加哥裝卸貨的工人，在清潔冷藏火車貨櫃時，很意外的被關在裡面。他知道，火車貨櫃要在24小時後，到達下一個火車站時才會打開。24小時之後，冷藏貨櫃打開，發現他已經死在裡面。經過法醫檢查，發現他的身體顯示凍僵死亡症狀。可是事實上，當冷藏火車貨櫃打開的時候，電源是關閉著的，溫度正常得很。這到底是怎麼回事呢？

首先，我們可以想像得到，當這位工人被關閉在貨櫃時，一

定會大聲地喊叫，但是車廂的鐵皮很厚，同時火車站又很嘈雜，沒有人能夠聽到他的求救聲。這位工人心裡非常清楚，當貨櫃關閉時，冷卻系統的電源一定會打開。同時他知道，貨櫃要在24小時之後才會打開，沒有人的身體能夠忍耐這樣的低溫超過2～3小時的，所以他確信自己一定會凍僵死亡。基於這個「信念」（或「期待」），他終於死在不應該死亡的情況下。雖然，這個意外例子在日常生活中很少會發生，但它卻證明了信念或期待的力量，對人的生命能夠發生強大的影響。還有，印度報紙經常報導，印度有很多劇毒的蛇咬死人的消息。但奇怪的是，報紙也報導，非毒蛇也經常咬死人，這是什麼原因呢？因為人被無毒的蛇咬了之後，心裡確信自己是被劇毒的蛇咬的，內心期待必然死亡的結果。

狐狸精的故事

　　1990年，在中國江西省某縣農村，有一位青年結婚後不久，在一天夜裡做了一個惡夢，夢見狐狸精咬傷他的生殖器官，使他不能夠做愛，心裡十分的害怕。第二天，他去請教道士，道士遂教他驅趕狐狸精的方法，就是在晚上，要用鐵槌強烈地敲打鐵鍋，把狐狸精趕出家門，讓狐狸精跑到他人家裡。於是，他就按照道士的指示去做，結果讓村子裡的所有男人都知道了。每個男人都害怕狐狸精會跑到自己家裡來，傷害自己的生殖器官，因此全村的男人，都在晚上紛紛的敲打鐵鍋，企圖把狐狸精趕出村外。

　　不久，其他村子裡的人也知道了狐狸精的故事，於是一村又一村，一鄉又一鄉的男人，都紛紛敲鑼打鼓的趕走狐狸精，甚至

蔓延到全縣。這件事情驚動了中國衛生部，派遣流行病學專家深入調查研究，發現所謂的「狐狸精傷人」是心理作用的結果，在醫學上稱爲心理流行病。1996年，根據國際新聞報導，一位非洲奈及利亞的魔術師，與敵對的男人握手後，對方突然覺得自己的生殖器縮短了，就把他打死，這也是與生殖器官有關聯的心理流行病事件。

心理偏見與先入爲主對行爲認知的影響

　　有兩個人，在萬籟俱寂的深夜裡，沿著燈光幽暗的小巷子面對面走近。當兩人即將相遇的一刹那，心情緊張害怕，彼此之間的呼吸聲音都可以相互聽到。突然間，兩人互相搏鬥起來。他們後來鬧到了警察局，警察調查他們的背景後，發現兩人都是非常守法的公民，只是因爲心理偏見作祟，先入爲主，彼此認爲對方是壞人。

人的情緒會影響動物

　　人的情緒不但影響自己或他人，也會影響動物。1987年在澳洲墨爾本市，有一個小孩子被一隻大型犬咬成重傷。事情的發生是這樣的：這隻大狗的主人，在一天早晨帶著牠去散步的時候碰見了小孩，突然間，這隻狗掙開了主人的手鏈，衝向對面馬路咬傷了這位小孩。獸醫檢查並證明這隻狗很正常，性情向來十分溫順，從來沒有咬傷過任何人。孩子送醫院救護後，他告訴醫生看見狗的時候，他並沒有對狗有任何動作，只是非常的恐慌與懼怕而已。這個小孩子緊張恐懼的情緒，影響或刺激了那隻狗。

　　我自己也有這樣的經驗：在1977年新年後不久，我與內人因

專業應聘移民到澳洲雪梨，僅兩個星期左右，就被一位女學生邀請參加她的21歲生日慶祝晚會。主人家養了一隻牧羊犬，非常友善地穿梭在來賓之中，與會的每個人都撫拍著這隻可愛而溫順的狗。當這隻狗走到我與內人的面前時，為了表示對主人的友善與尊重，我也試著撫拍牠。但我從小居住在城市裡，很少有機會接觸狗，心裡害怕得很，而這隻狗卻故意站著不走開，好像非得要我撫拍牠不可。我只好用發抖的手，很僵硬的撫摸著牠的尾巴，不料牠就立刻轉過頭來，露出很不友善的、憤怒的牙齒。我當時不知道是什麼原因，看著在場的一百多位客人裡，只有我們兩個是華人，心想其他的澳洲人撫摸牠不但沒有事，牠還顯得很開心的樣子。於是，我私下向內人說：「難怪有人說澳洲人種族歧視，一點也不錯，你看連狗都有種族歧視！」

心理狀態對生命具有影響力

有一個眾人皆知的死亡心理學實驗，經常被引用來證明心理（精神）狀態對生命的影響。這個實驗是一群心理學家研究心理對死亡的影響，他們將一位被判死刑的犯人捆綁在床上，用布蒙住他的眼睛，告訴他要以割破手腕動脈放血的方式將他處死，當血流乾的時候他的生命也就會結束。實驗開始進行時，他們緊按著他的手，同時用一張硬紙皮在他的手腕上割了一下，使他覺得腕動脈已經被割破了。然後，用一個水壺裝滿了與體溫相當的溫水，在靠近他手腕的部位倒下，使他感覺到正在流血。在床邊，故意放一個金屬容器收集水滴，讓水滴落在容器中滴滴有聲。剛開始的時候，水滴較大，讓囚犯感覺到自己的血液已大量流出來了。慢慢的水滴變小，滴落到容器裡的聲音也隨之越來越小，使

囚犯以為自己的血液快流光了。之後，漸漸的變成一滴一滴流下，甚至很久才滴下一滴來。囚犯聽著滴血的聲音變慢，竟以為自己的血液已經流乾了，結果他真的就死了。

我們知道，事實上，這位死囚的腕動脈根本沒有被割傷，只是他潛意識裡被灌輸放血處死的認知或期待，使他相信血流盡後就會死亡的結果。就是這樣的心理認知與恐懼，使他真的死了。這與前述工人死於冷藏火車貨櫃的例子很相似。

安慰劑的治療效力

在臨床醫療的過程中，醫生經常會應用安慰劑治療的方法，來幫助病人恢復健康。安慰劑治療是指所用的藥物，並非真正治療疾病本身，而是為了使病人心裡感覺到所接受的藥物確實可以治療疾病，以激起身體內自然療癒的力量，促使康復。這種安慰劑治療，經常得到很好的效果。下面舉三個例子，證明安慰劑治療的效力：

1.孕婦實驗：選擇在懷孕期間經常會出現嘔吐現象的孕婦做實驗，給她們服用一種強烈的催吐劑，告訴她們那是具有強大止吐效力的藥物。令人驚奇的結果是，所有參加實驗的孕婦不但沒有嘔吐，而且全部都止吐了。

2.氣喘病人實驗：在美國紐約的富克林醫學中心，對氣喘的病人做研究實驗。實驗開始，即先給氣喘病人聞一種沒有標籤名稱的液體，告訴病人聞這種液體後，許多人會加重氣喘的症狀。許多病人聞了之後，開始出現喘息與呼吸困難現象，接著發生嚴重的氣喘症狀。然後，再給病人另外一種沒有標籤名稱的液體，

告訴病人那是強力解喘劑，聞後可以減輕或解除氣喘症狀。病人聞後，果然喘息和呼吸困難停止了。你知道嗎？先後所聞的兩種液體都是生理食鹽水。

　　3.醫病關係實驗：1978年，美國做了一項有數千病人和一千多位醫生參加的安慰劑治療效應實驗，即用維他命 E 治療心絞痛。實驗結果發現：如果醫生事先不知情，給病人服用的是維他命 E，其療效只有20～30％。如果醫生事先知道給病人服用的是維他命 E，其療效竟然達到70％～80％。因為在實驗前已知情的醫生，當他們給病人藥物的時候，在信心與態度上，自然會比事先不知道的醫生堅定，說明醫生的信心和態度對病人具有相當大的影響。一項相同性質的實驗，即以維他命 B（非真正降低血壓的藥物），給具有高血壓的病人服用，告訴他們那是一種很有效的降血壓藥物。結果發現90％的病人得到降低血壓的效果，也證明安慰劑治療的效力。

　　哈佛大學心臟科專家赫伯特‧班生（Dr. Herbert Benson）說得對：「大部分的醫學史，都是安慰劑治療效力的歷史。」

想像力

　　首先，請你發揮這樣的想像力：想像在地板上，放置一根約15公分、寬10公尺長的木板，很安全的固定好在地面上。然後我問：「你能夠走過木板而腳不落在地面上嗎？」你會立刻回答：「當然可以，每一個人都可以的。」好，如果我把這根木板提高，很安全的固定好在兩張椅子之間，你可以走過去而不跌倒嗎？我想，你還是可以的，不過可能你要伸開兩手保持身體平衡

才能走過去。如果我再把這根木板，提高到100公尺的高空，也很安全的固定在兩個建築大樓之間，下面是車輛來往繁忙的街道，你能夠走過去嗎？我相信你不敢。我也不敢，甚至我還會說：「給我再多的錢，也不足以誘惑我做這樣的嘗試！」

為什麼同樣的一塊木板，放在地面上或兩張椅子之間，你可以走過去，而放在100公尺的高空，你就不能走過去呢？按照邏輯推理，你既然可以走過放在地面上或兩張椅子之間的木板，也應該可以走過100公尺高空的木板。為什麼你不能夠呢？有什麼不同？因為木板放在地面或在椅子上，你走過去的時候，你的注意力是放在木板上面，也就是你的想像力告訴你很安全。但是在100公尺高空的木板上，你的注意力已不是放在木板上，而是放在100公尺的底下了，你的想像力發揮了作用，你想走過去的意念，被你恐懼跌倒的想法所抵抗。不論怎樣運用你強大的意志力和決心，也不能走過去的，因為恐懼跌倒的心理占了優勢，發生反作用力的結果。這就是反效力定理。

現在，不少的學生面對考試卷的時候，頭腦會突然出現一片空白，所有準備好的課業，無法在腦海裡立刻出現。不論如何咬緊牙根拚命的想，也想不出答案來，心中十分緊張害怕，回答問題的時間越來越少了。考試結束，當他們離開教室時，身心放鬆了，記憶力頓時也就恢復了，考試時想不出的答案，像泉水般湧現。他們所以失敗，就是他們用意志力來強迫自己去記憶，而不去訓練右腦的影像記憶能力，同時加上心理緊張的結果。這也是反效力定理的作用。經常加強身心放鬆和想像力的訓練，可以消除這個反作用力。學習遲緩的兒童，在接受想像力（右腦教育）訓練後，可以開發智能潛力，還能增強學習和精神集中力。

想像力來自精神的中心

當意志力和想像力發生衝突的時候，想像力總是獲勝，因為想像力來自精神的中心。

想像力，在這裡所指的是正面的想法，十分強而有力，是生命調理的關鍵，可以增強意志力和信心，也是人類創造發明的靈感源泉。文學家、藝術家、音樂家的優美作品，都是出於他們豐富的想像力。想像的世界是在右腦裡，它是靈感與創意的寶庫，隨時都會蹦出創造的靈感，突破邏輯推理的思考，湧現出取之不盡的創造泉源。

中華民族具有豐富的想像力。例如唐朝詩人李白的一首詩——〈靜夜思〉：「床前明月光，疑是地上霜。舉頭望明月，低頭思故鄉」，就是即景思鄉之作，短短的幾句詩，可以看出作者發揮了高度的想像力。還有一副簡單的對聯：「竹影掃階塵不動，月沉潭底水無痕」，你可以想像，它所描繪出來的，顯然是一輪皎潔明月下幽靜安寧的境界。

傳說，宋代著名文人陸游與表妹唐琬結婚時，在洞房花燭夜有一段小插曲。當他們相依偎著共賞皎潔明月的時候，唐琬的雅興突然湧起，即刻賦了一對聯的上款，請陸游和下款。她的上款是這樣的：「雙手推開窗前月！」陸游想了好久，不知該如何應對下款時，前來鬧洞房的蘇軾聽到了，就從池塘旁邊的假山上，拿了一塊小石頭拋落在池塘中，突然間激發出陸游的靈感與想像力。於是，他立刻賦出下款：「投石衝破水底天！」這是才子佳人豐富的想像力啊！

　　不但才子佳人富於想像力，凡夫俗子也有想像力，只是層次不同而已。現舉一例：話說很久以前，在中國江南農村，有一寡婦的兒子結婚已三年，媳婦尚未生孫子，婆婆不悅而有所怨言，但又不願與媳婦有正面衝突。有一天早晨，婆婆突然靈感一來，做了一首打油詩，並特意念給媳婦聽，詩曰：「日出東方一點紅，朝朝洗臉賽芙蓉；惜美芙蓉不結子，害我孩兒許多功！」媳婦聽後心裡滿不是滋味，於是她的想像力也立刻湧現，遂做了一首打油詩回婆婆，詩曰：「黃牛細小力無能，犁頭入土三分深；灌溉不勤種又少，叫我肥田怎能生！」

　　科學家愛因斯坦說：「想像力比知識還重要。」他又說：「我在發現相對論法則的時候，是依靠直覺想像力而非邏輯推演的過程。」當他在研究與思考光的原理時十分困惑，百思不得其解，有一次，他在日內瓦湖上划船，心情放鬆地仰望著天際星空，突然間靈感湧現，即刻悟出了光的奧妙——原來光是可以折射的。

想像力不同於幻覺與錯覺

　　想像力不同於幻覺和錯覺。譬如，沙發上有一個靠枕，你看成一隻貓坐在那裡，這就是錯覺。如果沙發上沒有任何東西，你卻看到有一隻貓坐在那裡，那就是幻覺或妄想。

　　想像力，雖然指的是正面想法，但兩者並不完全相同。正面想法是在人的內心裡不斷重複正面的語言、句子、座右銘等，以激起積極情緒反應而向好的方向轉變。想像力則沒有牽連任何語言，僅在人的頭腦裡出現影像而已。積極正面的影像出現，可以引起人體一系列的相關反應，提高中樞神經系統（交感與副交感

神經）興奮與抑制的平衡穩定性，從而調節有機體各系統功能。如果想像力與正面想法能夠融合運用，所產生的效力就會更大。

在一間治療癌症的病房裡，住了八位臨終病人，病房只有一個窗口，其他的病人都非常羨慕病床靠近窗口的病人，能觀看外面的景色。其他人因為不能起來走到窗口欣賞外景，因此一致請求他把窗外的景色描述給他們聽，這位病人就把外面的情景告訴他們：「外面是一片寬闊翠綠的園地，園地的中間好多種花正在開放，顏色有紅的、黃的、白的、藍的和紫的等，非常鮮艷美麗，同時吐放出芳香的氣味。園地兩旁有噴水池，在陽光的照射下，噴射出的水霧反映出七彩顏色，非常好看！還有小橋流水貫穿在園地中間，鳥語花香，真是一幅令人陶醉的春天景色！你們要好好的養病，配合醫院的治療，身體快點康復，然後我們一起出去欣賞！」其他病人聽了，內心感到非常快樂，減輕了不少痛苦，激發出堅強的求生意志力。不久，很不幸的這位躺在窗口病床的病人死了！事實上，窗外是一堵高牆，什麼風景也沒有。但其他病人聽了他的描述及正面啟示，腦海裡出現優美的影像，引起了內心情緒的良好變化。

在這裡必須注意的是，負面想法是失敗的心理作用。前面曾說過，當你做任何一件事情時，都要滿懷著信心和正面想法，即不斷在心裡重複「我能夠，我一定能夠，一定成功」的話。這樣，你的成功率就會在85％以上。如果不幸失敗，你也會這樣想：「那只不過是一次偶然失敗而已，我要好好的努力，下次一定會成功」。相反，如果你還未做事情之前，心裡就先有負面的想法，「我不能，我大概不會成功。」這樣，你也會達到85％以上目的。不過，這是指85％以上的機會你會失敗。

你知道，愛迪生製造了多少個電燈泡之後才成功？11,000個！當他製造了5,000個電燈泡後，記者訪問他，問他如何能夠應付那麼多次的失敗，他雖然感到有點委曲，但卻回答說：「那不是失敗，我只是發明了5,000個不同樣子的不發光燈泡而已！」就是這正面的想法支持他繼續努力發明，不然他如何能夠堅持下去？所以，他並不認為嘗試失敗，相反地他認為失敗是成功的台階。

還有，一位大公司的總經理，過去曾為公司賺了不少利潤，但近年來由於經濟不景氣，他的公司虧損了500萬美元。當他被董事長約談時，他心裡等待著被開除，但董事長跟他談的是公司未來發展的前途問題，他很好奇的問董事長：「我想，你不是要開除我嗎？」董事長對他說：「不！為什麼要開除你呢？你只不過是花了公司500萬元訓練你自己而已。」從此之後，這位總經理更加的效忠，更加的拚命工作，後來為公司創造了不少財富。

出身背景不同的人，會有不同的想像力。例如，一個蘋果園，五個不同的人經過，就有五種不同的想像。第一個經過的是畫家，他看見美麗的蘋果園，在蔚藍的天空下顯出迷人的景色，他心裡想如果把它畫下來，將是一幅多麼美麗動人的圖畫！第二個是詩人，他看到柔和的陽光照射著樹上累累的紅色蘋果，在翠綠的葉子下露出誘人的芳香，激起了詩意創作的靈感。第三個是農夫，看見結果累累的滿樹蘋果，心裡想要是摘下來賣，可以賺得不少錢啊！第四個是悲觀者，他東看西看，好不容易在樹上發現了幾根枯枝，於是就感嘆萬分地說：「現在還只是春天就有枯枝了，哎！漫長的多天怎麼能熬得過呢？」最後一個是木匠，他看見那麼多筆直的蘋果樹幹，心想如果砍下來可以做不少的椅子

啊！

　　有人問美國著名盲眼女作家海倫‧凱勒，什麼是人生最大的悲哀時，她很快的回答說：「有視覺而無想像力！」

　　想像力是可以訓練和加強的。在後面的練習裡，將會詳細的說明（頁173）。

身心放鬆的力量

　　當人的身心放鬆之後，身體肌肉即出現鬆弛狀態，呼吸和心跳緩慢，血壓降低，腦波進入 α 和 θ 波形（即潛意識狀態），可以引起身體和心理的一系列變化（圖4.1）。

　　1.身體方面：根據班生博士的研究報告，身心放鬆時的生理變化和效應如下：（1）生理變化方面：呼吸率緩慢，耗氧率降低，代謝率下降20％，血壓降低5～10mmHg，心跳率降低，腦波緩慢，肌肉放鬆，身體活動力停止，減少乳酸的產生約50％以上。（2）身心效應方面：75％失眠者恢復正常睡眠；35％不孕的婦女能懷孕；34％慢性痛病人不再服用止痛藥。班生博士在他長期治療心臟病和高血壓病人過程中，發現運用身心放鬆方法對降低血壓有很好的效果，尤其治療情緒性高血壓比用藥物效果好，而且沒有副作用。

　　哈佛大學研究員彼德斯博士（Dr.Ruanne Peters）與班生博士合作一項研究，即研究身心放鬆對血壓的影響（表4.1）。參與這個研究的是一個大公司機構裡的154名自願員工，和54名被任意挑選的非自願員工，做爲時12星期的身心放鬆與血壓關係的觀察調查。

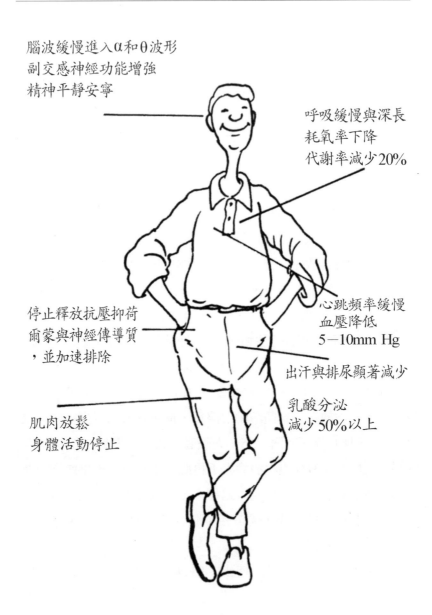

腦波緩慢進入α和θ波形
副交感神經功能增強
精神平靜安寧

呼吸緩慢與深長
耗氧率下降
代謝率減少20%

停止釋放抗壓抑荷
爾蒙與神經傳導質
，並加速排除

心跳頻率緩慢
血壓降低
5—10mm Hg

出汗與排尿顯著減少

乳酸分泌
減少50%以上

肌肉放鬆
身體活動停止

圖4.1　身心放鬆後的身體變化

表4.1　身心放鬆對血壓影響的實驗

實驗組別	測量血壓	實驗方法	實驗結果
自願（154人）A	早晚	做身心放鬆法	血壓顯著降低
B	早晚	自由靜坐	血壓稍爲降低
C	早晚	按原習慣生活	血壓維持原狀
非自願（54人）D	開始與結束	按原習慣生活	血壓維持原狀

（資料來源：彼德斯博士及班生博士）＊總人數：208人。
＊女性54％；男性46％。平均年齡33。其中高層管理23％；專業技術29％；
　職員48％。

　　實驗前，參與的每個人都測量血壓，作爲標準基數。自願組
員，每天早晚各測量血壓一次。非自願組員，只在實驗開始和實
驗結束後，各測量血壓一次。自願員工分爲 A、B、C 三組，非
自願員工爲 D 組。其中只有 A 組敎導正確的身心放鬆方法，早
晚各做15分鐘。B 組只是自由的靜坐放鬆。C 組和 D 組沒有給予
任何指導，按照原來的生活習慣。

　　實驗結果：只有 A 組的人血壓顯著下降；B 組的人血壓雖
然也下降，但不顯著；C 組和 D 組的人血壓則完全沒有下降。
這些血壓降低的人，不分性別和年齡，尤其對有高血壓的人效果
更好，降低得非常顯著。同時，在增強身心健康和工作效率方
面，發現 A 組的人效果最佳，接著是 B 組、C 組和 D 組。

　　以上的研究結果證實了身心放鬆可以降低血壓，以及增強工
作能力。但是今天又有多少老闆會讓員工們休息與放鬆身心呢？
我們知道，一級運動員在面臨大賽前，常因心情緊張而失眠，影
響比賽成績。優秀學生常因承受不了考試的壓力與緊張，不能有
效地思考與回答問題，腦海裡呈現一片空白，直到考試時間結

束，交了試卷之後，才突然想出答案來。但又有多少學校會安排
學生學習身心放鬆的課程呢？

2.心理方面：可以使人的心情平靜。

3.靈性方面：能夠促進宗教祈禱生活（包括靜觀與冥想），
增強信心、信念、信仰以及懺悔的效力，從而提升靈性。

1981年，班生博士帶領了一組醫學科學家，去印度訪問並研
究西藏達賴喇嘛的高僧密宗禪法。1985年5月，他在紐約市政府
做有關身心放鬆的專題演講，來自全美各地一千多位聽眾，每人
付150美元，聽他一小時的演講。他參考密宗的禪法，除去宗教
觀想和密語的部分，根據醫學生理學的原理，創造了一套身心放
鬆反應法。

1979年，當達賴喇嘛第一次訪問聯合國做專題演講的時候，
班生博士第一次拜訪他，提出想研究喇嘛高僧的密宗禪坐法，在
科學方面是否有根據與價值。當時，達賴喇嘛並沒有當面答應
他，直到一年後，才寫了一封信給他，答應他的要求。

因此，在1981年2月，他率領一組專家（包括生理學家、醫
學科學家、海軍醫學環境專家、攝影師和翻譯等）前往印度的喜
瑪拉雅山，訪問了達賴喇嘛的三位高僧。高僧們的分別年齡是
59、55和46歲，禪坐經驗達20～30年以上，全都居住在海拔三千
多公尺的山上。下面是訪問的部分談話內容：

班生博士說：「我們這次來訪問你們，是要觀察和研究你們
的禪法。」

高僧回答：「平時我們是不許可的，但達賴喇嘛說過可以，
你們就做吧。」

「我們是否可以照相？」班生博士問。

「當然可以。」高僧回答。

「還有，我們是否可以測量你的體溫和肛門的溫度？」班生博士要求。

高僧猶疑了一下，「就照你們的意願做吧！」

班生博士的研究方法如下：

（1）測量環境溫度；（2）測量體內（肛門）溫度，每5分鐘量一次；（3）測量體表溫度（手足、皮膚和胸腹）。實驗開始，高僧採取蓮花坐法，先醞釀靜觀的時間約10～20分鐘，然後進入禪定，全部過程50～70分鐘。實驗結果：三位高僧的身體各部位溫度變化如下：

部位	溫度（華氏）上升
手	9、13、6
皮膚	3、4、5
足趾	13、7、15
胸部	3～4
其他部位	2～3

攝氏溫度＝（華氏溫度－32）×5÷9

在試驗過程中，整個大氣環境溫度變化幅度僅是2～3度（華氏），這對體溫的影響不大。所以上面的結果，的確證明了高僧的禪坐功力，可以影響身體的新陳代謝，以及改變體溫。在此必須指出，這三位高僧都是經過二、三十年的苦練後，才達到這種境界的。

試驗結束後，班生博士開玩笑的問一位高僧：「聽說練禪之後，能夠使人的身體上升是嗎？」

「現在已經有火箭升天了，還用得著練禪使身體上升嗎？」高僧笑著回答。

不過，超覺靜坐（Transcendental meditation，簡稱 TM）的教主，卻宣稱練習 TM 的人，可以讓身體浮起在空中。遺憾的是，著名電視節目「六十分鐘」訪問他們並做錄影播出時，只見到他幾個練功多年的高徒盤起雙腿來，坐在木製的地板上盡力地將身體彈起，離地只不過幾公分而已，並沒有飄浮在空中。

啓示的力量

我們在每天的生活中，經常會接受這樣或那樣的啓示，不是被別人啓示，就是自我啓示。如果有一天，每個人見到你時都說：「啊，今天你看起來很不舒服的樣子！」你眞的會感到不舒服，好像有病一樣。相反，如果每一個人見到你時都說：「啊，今天你的精神很好，很健康。」即便你那天眞的有點不舒服，也會感覺很好。我們想什麼、如何想，以及怎樣感覺，都受到啓示的影響。

正面的啓示對生命有很大的影響。例如在澳洲，有一位年逾八十的老太太經過住院開刀後，回到家裡覺得自己生命有限，不知哪一天會死亡，所以精神憂鬱，食慾不振，健康越來越壞。有一天，她讀聖經時得到了啓示，她發現耶穌說過，天國是要以武力奪取的。她突然有了心得，覺得進入天國一定要身體健康才行。於是，她激發自己的求生意志。從此，她每天晨起後，第一件事就是閱讀報紙，尤其對亡者的消息特別感興趣，當她讀到了七十歲的人逝世的消息時，就感謝天主使她能活到八十多歲。當她見到九十多歲的人去世的消息時，覺得自己還有十多年可以活，祈求天主特別助佑她，使她能享高壽。從此她活得非常的快

樂！

在20世紀初，法國著名教授莫翰（H. Bernheim），在他的著作《啓示治療》（*Suggestive Therapeutics*）頁197告訴我們兩個病例：

（1）一位舌頭麻痺的男病人，經過很多醫生的治療都沒有效果，後來他請求莫翰教授醫治。莫翰告訴這位病人，現在有最新的儀器可以治癒他舌頭的毛病。他先將病人催眠後，把一個袖珍型溫度計放在他的嘴裡，告訴他這就是最新的治療儀器。結果，這位病人接受了治療啓示，開始發揮想像力，想像這個儀器一定會治好他。在很短的時間內，他開始覺得自己的舌頭放鬆了，很快就能自由移動，禁不住愉快地大聲哭起來。

（2）一位年輕女孩，突然在四星期前失去了說話的能力。在確診是心理因素之後，莫翰教授告訴她，有時候失去說話能力，可以用電流刺激來恢復。於是，當她進入催眠狀態時，他把電流感應儀器放在她的身上，並把手放在她的喉嚨上來回的移動，同時說：「現在你可以大聲說話了。」這位病人接受了治療啓示，果然立刻能夠說出幾句話來，並且繼續不斷地說下去，最後說話的聲音越來越大。

上面的例子證明啓示的力量，在人的潛意識裡能發揮正面的作用。

但負面的暗示，在人的潛意識裡會產生不良的影響。下面是幾個負面暗示的例子：

（1）在台灣，有一位女士在她30歲生日的時候，曾去看某著名摸骨先生，請他預卜前程。摸骨先生告訴她，她會在38歲生日的時候生一場大病。從此，她就每天算日子，每過了一年，內

心就不斷暗示自己，發生大病的時間更接近了。到了38歲的那年，距離生日那天屈指可數了，她更加擔心害怕，果然在生日的那一天，真的病倒了。

（2）在澳洲，有一個大農場主人，名字叫彼德・安德森（Peter Anderson），他的祖父和父親都在45歲生日宴會時，死於心臟病。他自己非常擔心害怕，經常去看醫生檢查，結果健康狀態都很良好。但他還是不放心，去請教星座占卜師，看看自己是否也會死於45歲的生日宴會。星座占卜師告訴他，這可能是家族遺傳病，因此令他非常不安。雖然，他很愛一個女人，但決定不與她結婚，因為他不願自己死後，沒有人照顧妻子或孩子。早在他26歲的時候，他就認識了這個女朋友，那時女朋友21歲。認識女朋友後，他就寫好了遺囑，死後要把所有財產都遺贈給她。當他即將踏入45歲時，他就更加的擔心與恐懼。在生日前的半年時間，女朋友很關心並且安慰他，告訴他不會死的，並經常陪著他去看醫生，經過醫生檢查發現他的身體很正常。

但是，就在生日的那一天早晨，他突然感到不舒服，不久即昏迷不省人事，送醫院急救，醫生檢查不出什麼原因，決定留他在醫院觀察。幾個小時後，他的病情突然惡化，心電圖出現異常以及呼吸困難現象，醫生不明白什麼原因使他病情急遽惡化，就趕緊把他送進急診室當心臟病人急救，然後就送到冠心病房觀察護理。當護士對照他填寫的出生日期後，發現他的生日早已經過了三天，便告訴了他。突然間他從病床上坐起來，臉上顯得十分驚訝的說：「我真的沒有死啊！我真的沒有死啊！」坐在他旁邊的女朋友激動地大聲哭起來。他的病情迅速好轉，經醫生檢查後，發現心跳和心電圖也恢復正常了。於是，他決定立刻出院，

並且趕快結婚，好好地與妻子過生活。這個故事，以喜劇結束！

　　（3）在美國檀香山，有一個會使用巫毒黑魔術的人，給一個工人下了詛咒暗示，致使他的日常生活大亂。因此，他向著名牧師喬瑟夫·莫菲（Joseph Murphy）求助，這位牧師經常幫助別人解除困擾，也到世界各地演講，是一位聲名遠揚的知名人士。

　　當他聽到這位工人的病因後，就對他說：「不管海水有多少，只要海水不灌進船裡來，這艘船就不會沉沒。同樣的，只要你不打開心扉提供缺口，別人再怎麼樣的負面暗示都不會進入你的心裡。」同時，牧師建議他：「每天要做兩三次的靜坐祈禱，祈禱的時候，要發揮想像力，想像你自己被神聖的光環能量包圍住。每天都要堅持這樣的祈禱，不久你就會看見一輪光環包圍著你，這個光環會保護你不受到任何邪惡勢力的傷害，不論任何可怕的負面暗示，都會被隔離而無法進入你的心裡。」

　　這個工人就按照牧師的指導，虔誠地祈禱了一段時間。在一個禮拜天，他偶然從報紙上看到了會用巫毒詛咒他的壞人，突然在路旁暴斃。從此，這個工人就恢復了正常的生活。這究竟是巧合呢？還是壞人受到反暗示打擊的結果？我想是後者的作用力結果。啟示，不論是正面或負面的，都會在潛意識裡發生重大的影響。因此，我們時時刻刻都需要正面的啟示，絕對避免負面的暗示。真正的治療力量，存在於每一個人的潛意識裡，如果能夠改進一個人的內心狀態，就可以釋放出治療的力量來。

超然的力量：信心和信仰

　　在1970年代，如果醫學界有人提出祈禱可以促進身體健康和

幫助治療疾病的話，會遭人嘲笑和攻擊，並貼上迷信的標籤，雖然人們從來就沒有停止過為生病的親友祈禱。

從1980年代起，科學家開始研究精神的力量。到1990年代，更深入地發展精神和身體醫學。前面曾經提過，根據世界衛生組織機構的預測，在西元2000年後，為害人類健康的十大病害中，排名第一和第二位的心臟病及憂鬱症將會更加嚴重，尤其是憂鬱症。可以想像得到，精神和身體醫學將會越來越受重視，尤其是心理神經免疫學的領域方面。

近年來，醫學技術日進千里，可以換腎、肝和心，可以複製牛和綿羊，甚至人類自己。今天，分子生物技術的高度進步，科學家已解開了人類遺傳基因密碼，32,000個遺傳基因密碼的排列組合順序已經被發現，促使基因療法能應用於治療許多遺傳性疾病。現在，大部分急性傳染病已經能夠控制和治療，但醫生反而比以前更加忙碌，醫院也比以前住了更多病人。這是什麼原因呢？因為現代醫學對於一些慢性疾病，如因壓力所引起的頭痛、頸背痛、胃腸不舒服、情緒性高血壓……等，其治療的效果並不理想，不能解決人類越來越嚴重的精神壓力和憂鬱症的問題。

現在，美國等西方國家的許多大學醫學院，都開辦一些自然療法課程，包括神聖和輔助醫學，以精神（靈魂）照顧為主要目的。近年來臨床醫生的態度也大大改變，除以藥物治療病人，還特別重視病人的精神狀態，強調身心的健康。

美國《時代周刊》（ *Time* ）和CNN有線電視網路，在1996年6月12至13日，做了一次問卷調查，向參加的1,004人詢問以下幾個問題：

1.你相信信仰祈禱的力量嗎？回答：是，82％；不，13％

2.你相信眾禱能助一個病人快速康復嗎？回答：是，73％；不，21％

3.你相信上帝（神）能否幫助患重病者康復？回答：是，77％；不，18％

4.如病人要求，醫生是否應參與一起祈禱？回答：是，64％；不，27％

從這個問卷調查中，我們很清楚地知道，現在大部分人都相信祈禱對身體健康有良好的影響作用。

近年來，很多科學家開始研究：到底宗教信仰與健康有何關係？他們驚奇地發現，原來有大量這方面的醫學研究資料被埋藏在醫學文獻裡。超過200項的醫學研究報告，已經被美國國家健康研究所的拉森博士（Dr. David Larson）整理出來了。這些研究資料都證明，宗教信仰對疾病的康復與身體健康有很大的益處。醫學資料綜合如下：

❖1980：調查1,000名大腸癌患者，具有宗教信仰的人患病率減少30％。

❖1995：調查232個做開心手術的病人，具有宗教信仰的病人康復快速。

❖1996：調查4,000位老人的健康問題，具有宗教信仰者健康狀態較好。

❖2000：5,000人壽命調查報告，具有宗教信仰的人壽命較長。

❖30年的血壓調查研究：發現在相同的條件下（包括吸煙、喝酒等因素），具有宗教信仰的人血壓比較容易維持正常。

❖觀察30位髖骨骨折女病人：發現具有宗教信仰的病人康復

快速。

❖調查心臟病與信仰的關係：發現具有宗教信仰者發病率降低30％。

無數研究資料證實，信仰可以減少壓力所引起的症狀或疾病。因此，宗教信仰有益於人的身心健康。

宗教信仰和祈禱如何促進身心健康呢？

美國加州醫學中心神經學家喬瑟夫博士（Dr. R. Joseph），從神經學的角度研究，發現宗教信仰祈禱和醫學的身心放鬆，在人腦中樞神經裡具有共同的反應中心，稱為邊緣系統，它包括丘腦、下丘腦、海馬、杏仁核等部位。人的身心之所以能夠放鬆，就是這個邊緣系統發揮作用的結果。科學家應用超微的鋼針刺激這個部位，發現具有宗教信仰的人，腦海裡不斷地出現天使的影像，感覺到安全與快樂；甚至沒有宗教信仰的人，也會出現超然的感覺。但大部分沒有宗教信仰的人，腦海裡卻不斷出現魔鬼的影像，感覺到害怕和恐懼等。這證明了宗教信仰在人腦神經中樞裡和身心放鬆具有共同的反應中心。

換句話說，祈禱和身心放鬆的反應一樣，可以使身體釋放出抗壓力荷爾蒙和神經傳導物質，使腦波放慢、心跳頻率減緩，並促進大腦中樞神經系統和內分泌系統的調節功能。

大量的科學研究資料證實，長期壓力會導致人體的免疫功能降低，誘發出許多與壓力相關的疾病或症狀。透過身心放鬆方法及虔誠的祈禱，可以有效改善。

哈佛大學心臟病專家班生博士累積了多年的臨床治療經驗，發現宗教信仰對於人體的健康大有益處。他說：「信心在醫藥治

圖4.2　信仰祈禱前後的轉化作用

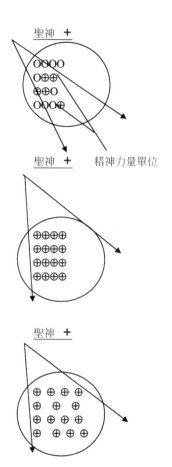

祈禱前：

精神力量單位分散
與聖神結合不多
受聖神的推動力較弱

祈禱狀態中：

精神力量單位超然集中
全部與聖神相結合
因此產生強大的力量

祈禱後：

精神力量單位恢復原來的狀態，每個
單位都帶著與聖神的結合體，在我們
日常的生活中發揮積極的作用

圖4.3　信仰祈禱後的身心變化

療過程中，十分神奇而有效力，能治好60～90％的普通性疾病。
如果你再進一步的相信，有一個超然的無限力量在幫助、支持
你，治療的效果會更好。這個超然的無限力量就是宗教信仰。」
通過祈禱，身心會發生轉化的作用（圖4.2、圖4.3）。

宗教信仰的力量來自於信念和祈禱

宗教信仰的堅強力量，來自於信心、信念及祈禱。耶穌經常
告訴門徒們要有信德（信心）的力量，在聖經中可以找到很多的
例子，例如：「你們當有信德！我實在告訴你們：無論誰對這座
山說：起來，投到海裡去！……必給他成就。因此，我告訴你
們：你們祈禱，不論求什麼，只要你們相信必得，必給你們成
就。」（馬爾谷福音11：24）

信心和祈禱非常的重要。超然的宗教信仰力量，來自於堅強
的信心、信念以及虔誠的祈禱。為什麼能夠這樣呢？因為人類的
內在潛力和信心的力量非常強大，可以影響我們的一生。上天賦

與我們人類最大的恩寵之一，就是我們的潛意識具有實現所有願望或想像的強大潛力，也就是說，人類的潛意識具有實現信心及祈禱的堅定力量。

人類的無限潛能，蘊藏在潛意識裡。潛意識是生命的寶庫，是生命的泉源，充滿了希望、想像與理念。美國心理學之父威廉‧詹姆斯（William James）說過：「人的理念和想像力是一種無形的力量」，他還說：「你的潛意識力量，可以移動整個世界！」的確，只有當我們產生新的理念以及豐富想像力的時候，才能夠有力量徹底的改變自己。潛意識的力量，是促進我們人格發展和身心健康的無窮盡資源。通過虔誠的宗教信仰祈禱，可以激發它，引導你走向成功的人生道路。

人類的信念、認知和想像力就是一種無形的力量。事實上，只要我們能夠具體地想像出一件事情，並且具有實現它的強大意念力，懷著堅強的信心去祈求，誠心接受和正確認知已經存在的事實，讓它呈現在我們頭腦裡，我們的需求就已經在潛意識裡達到和滿足了。這種實感認知影像，會使我們努力地以行動來實現它。如果你內心相信和感覺你已經得到，即你已經在潛意識裡得到了，這就是「只要你們相信必得，必給你們成就」的真理，也是信心和信仰的定律或生命的理念！正如耶穌治好附魔的兒童時所說的話一樣：「你若能為信的人，一切都是可能的。」（馬爾谷福音9：23）因為你心中的信心和信仰，也就是你心中的思想、理念和認知。

耶穌特別強調信心的重要。他經常要求向他祈求治病的人，要表明自己的信心。道理很簡單，如果你播下了果實的種子在地裡，而你相信種子的生長規律和農業技術，你又勤於鬆土、灌溉

與施肥的話，它就一定會長出果實來。這就是信心與行動的表現！信心的力量能夠發揮出來，是因為你的思想、感知、理念和信心，在你的醒意識和潛意識裡絕對的肯定和追求，並努力使之實現的結果。

有一位患子宮腫瘤的女病人，經過手術切除後，效果很好。但她不放心，經常擔心會復發，果然不久，子宮腫瘤又長出來了。她對現代醫學失去了信心，後來經別人介紹去看一位巫婆（巫醫），求取偏方治療，巫婆的偏方也無效。於是，這位女病人就認為自己患了絕症，身體的健康狀況越來越壞。最後，去看一位有名的治癌醫生，這位醫生告訴她有一種化療新藥，若配合手術治療，對子宮腫瘤會有很好的效果。

經過一個月的治療後，再做切片檢查，發現子宮腫瘤消失了。她很高興的又去告訴巫婆，不料巫婆對她說：「天下哪裡有什麼治子宮癌的特效方法？醫生給你的藥是騙你的。」這句話深入她的潛意識裡，她開始不相信那位醫生。她感到失望，心情相當不好，不久她的子宮腫瘤又重新生長了。她很生氣，再去看那位醫生，並把醫生罵了一頓。醫生耐心地向她說明，不要受別人的影響，要有堅強的信心與求生願望，相信現代醫藥的作用，並且對她說：「半個月前又有一種最新的強力治癌藥物上市，我相信這新藥治療你的子宮腫瘤，效果一定會很好的。」

這次，果然效果很好，治療三個月之後，再經過檢查，發現子宮腫瘤完全消失了。於是，她又高興的去告訴巫婆，同時把檢查報告給她看，以證明這次治療真正有效。不料，巫婆又哈哈大笑，並接著說「天下那裡有什麼治腫瘤特效藥？醫生又是騙你的，他給你注射的是生理鹽水。」這位女病人再次相信了巫婆的

話，對醫生又失去信心，心中越來越感覺不安，從此病情惡化，不久就病死了。

　　從上面這個例子，證實信心的重要性。聖經·約伯傳裡的約伯就是世人的榜樣，他原是一個非常富有而正直的善人，有一個女兒，家庭幸福。突然間，他家破人亡，他自己也由頭到腳都長滿了發膿的毒瘡，人世間再沒有比這更不幸、更悲慘和更痛苦的事了。他雖然在極端的痛苦中，但仍然一心寄望於公義而仁慈的天主。他並沒有被痛苦的遭遇擊倒，憑著他對天主的堅強信念，發揮出內心強大的意志力，天主終於對他加倍的報償，使他重獲健康和家庭幸福，甚至更加富有。這就是你相信什麼，就會得到什麼。

　　如果你要透過祈禱來克服困難或治療病痛，首先你要認識到你的問題所在，不論是負面想法所引起的，或是由於畏懼、害怕或壓力引起的。如果你能夠消除你的負面想法，就會得到良好的治療效果。

　　現在，科學家根據現代心理神經免疫學原理，透過各種實驗（例如安慰劑治療效應等），證明了潛意識能夠影響腦中樞神經與免疫系統的功能，增強治療的效力。如果一個病人對現代醫學沒有信心，或信心很薄弱，不會得到很好的治療效果。不信的人，即使耶穌也無法為他們治病或行奇蹟。

平時應該如何祈禱呢？

　　首先，要身心深度放鬆。因為身心深度放鬆後，腦波進入 α 和 θ 形（即潛意識狀態），可以增加腦部分泌有益健康的神經傳導物質和荷爾蒙。然後，默念根植於內心深處信仰的祈禱文或座

右銘，重複又重複。

一位患子宮瘤的女病患，她應用依撒意亞先知書（53：4 –
5）的話來祈禱：「他所背負的，是我們的疾苦；擔負的，是我
們的疼痛；……他被打傷，是因了我們的罪惡。因他受了懲罰，
我們便得了安全；因他受了創傷，我們便得了痊癒。」這裡的
「他」就是耶穌基督。她不斷的以這段經文祈禱，並且深刻地堅
信耶穌，結果她的子宮瘤消失了。現代醫學也證實，想像力和祈
禱可以幫助治療癌症，促進身心健康，使身體內的抗癌細胞功能
旺盛。科學家稱這種現象為「自然消除」。祈禱中的世界就是想
像中的世界，也就是潛意識的世界，你能夠在潛意識裡想像出來
的，你就能夠將它實現！

因此，我們也可以這樣說，世界上有一個很正確的治療方
法，就是你的信心。宇宙間有一種強大的治療力量，就是神，以
及源自祂的智慧所激發出來的你的潛意識力量。你潛意識的力量
之所以能夠發揮出來，是因為你接受祂啟示的結果。我們強大的
潛意識力量，是祂賜給人類的恩寵之一。

西方諺語說得好：「醫生包紮傷口，上帝治好它。」心理學
家或精神學家，只是幫助病人移開心理或精神的障礙，使他發揮
出體內潛在的治療力量，才能恢復健康。同樣，外科醫生也只是
幫助病人移開身體障礙，使體內潛在的強大修復力去恢復身體的
正常功能。人的身體非常奇妙，蘊藏著自我修復潛力。你知道
嗎？人體的細胞每一天都進行億萬個生化反應，使身體能夠更新
和成長，譬如胃的襯裡層每五天更新一次；皮膚表皮每一個月更
新一次；肝細胞每六星期更新一次；整個骨骼系統細胞每三個月
更新一次。我們身體內的95％細胞每年要更新一次。每秒鐘我們

必須吸入氧氣，輸送到身體的每一個部位，同時呼出去二氧化碳，以促進與維持新陳代謝機能。

　　如果，你相信將會發生一些傷害你的事情，那是很愚蠢的。請記住：不是你所想的事情會傷害你，而是你的思想或認知在你的潛意識裡創造出來的結果。所有你生命中的經驗、行動、事件和環境，都是你思想和認知的投射和反應。

為什麼代禱有療效？

　　七田眞博士在他的著作《右腦智力革命》一書中指出，這個宇宙世界是由眼睛看得見的物質（ $> 10^{-20}$ cm ）──「明存系統」，和眼睛看不見的物質（ $< 10^{-20}$ cm ）──「暗存系統」所組成的。近代物理學家以最先進的精密設備研究，找出了物質最終極的構造元素是基本粒子，也稱元質點，就具有波動的性質。所有物質的最基本性質就是波動，而波動則會產生能量，如原子或核子經過聚變等連鎖反應後，就轉變成巨大的波動能量釋放出來。因此，波動的能量也是物質。

　　人的意識活動，就是人腦產生一系列化學變化和腦電波作用的結果，因此也產生波動。在超微觀的世界中，物質和意識都是相同性質的波動。人腦具有感應周圍波動存在的能力，祈禱時所產生的意識波動，就會在腦部引起共鳴或共振，所以我們能感應到波動的訊息存在。

　　心電感應就是依靠振動來傳送的心靈意識波動。人腦具有諧振共鳴的機能和優越的直覺感應能力，以及超靈感的想像力，所以能夠感應到祈禱時所發出的波動訊息。收音機能夠把電波變成聲音，電視機能夠把電波變成影像，人腦也一樣具有把宇宙訊息

轉變成聲音或影像的能力。尤其是人的右腦功能，可以將波動訊息轉換成爲聽覺、視覺、味覺、嗅覺和觸覺的影像之一。前面說過，宇宙間有一種強大的治療力量，就是天主（神佛）或源自祂的智慧，以及被祂激發出來的潛意識力量。當我們爲親友代禱時，雖然他本人不在場，但他潛意識的智慧對祂的治療力量會自動地接受，並感應到祈禱的訊息波動。

更重要的是，我們爲別人代禱時，自己也進入了平靜與安寧的境界；在這樣的境界裡，我們的潛意識指導著我們對健康的正確認知和感應，使之與我們的內心潛力和智慧互相結合，發揮出強大的波動訊息。這種對健康的正確認知和感應，對生命力圓滿感覺的波動訊息，通過祂的治療力量和宇宙的運動力學定律相結合，進入了親友的潛意識裡，使他們的腦部接受與共鳴，激發出他們潛意識強大的修復和治療力量。

最近美國醫學雜誌調查報告發現，心臟病人在住院期間，如被親友代爲祈禱的，康復得非常快速，甚至被陌生人代禱的心臟病人，康復也很快速。這證明祈禱時所產生的波動訊息，激發出病人內在強大修復潛力的結果！

我們知道，能夠用眼睛看得見的東西，是因爲它已經存在的緣故。同樣的道理，如果我們能夠想像出來的東西，也可以說它已經存在於我們看不見的內心世界了。這不就證明了我們所看不見的東西其實是存在的嗎？所以，只要我們能夠想像出來的任何圖像，就是我們希望得到的東西了。因此，我們只要有信心，發揮高度的想像力，在內心深處不斷的虔誠祈禱就可以得到。

所以，我們要求麵包，一定不會得到石頭。如果我們想要得到東西，就必須祈求我們所相信的。這是祈禱能夠產生強大力量

的原因。如果學生們想得到好成績，就必須相信「勤能補拙」、「一分耕耘，一分收穫」的道理，加上用功讀書就會得到了。

有一個奇妙的方法，可以使你的潛意識得到反應：就是你要訓練你的想像力（如何訓練想像力見頁151）。因為你的潛意識控制調節著身體的所有功能，包括呼吸、消化、循環、生殖、泌尿和內分泌系統，以及思想、訊息、記憶與感情等。前面曾經提過，你會很容易地走過一根放在地面上的平衡木，但是把平衡木提升到一百公尺的高空，放在兩個建築物之間，你就不敢走過去。因為你想走過去的意念，被你恐懼跌倒的想法所抵抗。因為想像力是來自精神的中心，當想像力和意志力發生衝突的時候，想像力總是會勝利。在祈禱的時候也一樣，如果你說：「我要治療祈禱，但我做不到」，「我要強迫自己祈禱」；「我要盡量用我的意志力」等等，你反而會得不到。在這裡，你要認識到你的錯誤是只依靠自己的意志力去做，而不是出自於內心的願望、信心來虔誠的祈禱，所以你不會得到很好的效果。你不能強迫潛意識來接受你的理念，這樣一定會導致失敗，使你得到反效果。因為你的潛意識總是會被優勢的想法所控制，所以你會選擇容易做的事情。

研究證實，如果身心放鬆方法和宗教祈禱能夠互相結合，所發揮出來的力量會更大。它能夠：

（1）增強祈禱力量，更易打開心扉，讓聖神棲息於內心。改變一個人從消極進到積極的人生觀。

（2）解除頭痛。緩和或消減背痛。

（3）減少80%以上心肌缺氧絞痛和心血管繞道手術。

（4）降低和控制血壓。降低膽固醇。

（5）促進創造力，尤其當心思閉塞的時候。

（6）克服失眠和神經衰弱。

（7）防止換氣過度或氣喘襲擊。

（8）增強癌症的治療效力。

（9）控制恐慌發作。

（10）消除恐懼、焦慮、惡心、嘔吐、下痢、便秘以及壞脾氣。消除壓力情緒，使內心達到極度平安和寧靜。

（11）活化生命力，促進大腦中樞神經系統和內分泌系統的調節功能，增強免疫力。

祈禱真的有回應嗎？

班生博士並沒有直接回答這個問題。但另一位科學家傑弗瑞·列文（Dr. Jeffrey Levin），美國東維吉尼亞醫學研究院（Eastern Virginia Medical School）的老人病學和流行病學專家，他說：「我雖然不能直接研究它，但作為一個誠實的學者，我不能否認它的可能性。」甚至一位抱著懷疑態度的醫學專家賈維斯博士（Dr. H. Jarvis）也說：「信仰和祈禱是使病人康復的調理方法之一。」

關於宗教信仰的結論如下：

（1）超然的力量是信心和信仰。

（2）宗教信仰和身心放鬆反應，在人腦裡具有共同的反應中心。宗教信仰具有神經解剖學的根據。

（3）宗教信仰可以促進人類的身體健康。

（4）宗教信仰和身心放鬆方法相結合，發揮出來的力量更大。

（5）宗教信仰療法和現代醫學必須相結合，相輔相成，才可以發揮出強大的力量。宗教信仰療法和現代醫學治療助益於生命的不同層次，都有利於人類的身心健康，兩者並不衝突。然而，信仰祈禱治療和現代醫學不能使人長生不老，或成為超人。人類有其遺傳基因的極限，受自然律和遺傳基因的限制，每一個人都會生病和死亡。

如何面對現代醫學？

前面曾經提過，75％病人的症狀是由壓力所引起，也就是說不需要直接藥物治療，只要自己通過適當的生命調理就可痊癒。只有25％的病人是真正需要醫生、藥物或手術治療的幫助。你應該如何面對現代醫學呢？

（1）如果你有病，不要猶疑，立刻去看醫生：在這裡我要強調的是，你永遠不要用自己的健康來下賭注，不要以為自己神經過敏，也不要認為是自己的負面想法引起不舒服，更不要以為自己的精神力量可以解決一切，或假設有超然的外力幫助，可以立刻消除你的疾病。

有一位中年的神父，本來健康狀態良好，但過了50歲之後，身體逐漸虛弱。有一次他生了病，而且還很嚴重，他十分驚訝，認為當神父怎麼也會生病呢？為什麼天主不照顧他？我們要知道任何人都會生病，生了病就必須去看醫生。如果你覺得有病，或者內部痛覺無法消失，只要你注意到身體某部位有不正常的變化，首先你需要尋求醫學專家的幫助，立刻做檢查，並聽從醫生的意見。如果醫生發現不出什麼毛病，那說明你是在75％病人範

圍，就是不需要用藥物治療就可以痊癒；如果你是在25％病人範圍，你就需要特別治療了。

（2）找一個你信任的醫生：不要以為所有的醫生都一樣，醫生的醫術和對病人的態度會有所差別。請記住一點，當你信任醫生，對他有信心，而醫生對你也有信心時，你與醫生的關係和諧，可以增強療效。

例如，一位婦女去看醫生，發現患了乳癌，醫生對她說：「你有乳癌。這事情很不妙啊！50％的乳癌病人都活不到五年。」這種態度對病人有極壞的影響。但是，如果另一位醫生這樣說：「是的，你患乳癌的確不太妙，但50％以上的乳癌患者，存活期至少五年。好多人充滿信心與癌症抗爭，結果恢復了健康，我想你也可以的。」

我們都知道，半杯水就是一半空和一半滿，這兩種說法都對。但為什麼不用正面的說法呢？正面的肯定態度可以促進病人康復。

（3）不要堅持一定要醫生開處方：很多人去看醫生，經過醫生檢查後發現不出什麼毛病，但還是不放心。如果醫生沒有開藥方，總會覺得缺少一點安全感，心裡會感到不舒服。必須注意的是，所有的藥物都有副作用，特效藥更甚。不過，當我們衡量這藥物的療效價值大於副作用時，兩害相權取其輕，寧願承受著副作用的危險，也必須服藥。關鍵是，你去看醫生不一定需要藥物治療才能恢復健康。有時候，你只要用適當的生命調理法就可以痊癒。如果需要藥物或手術治療，你要問醫生為什麼？如果醫生開給你的處方是抗生素，是有效治療傳染病的，你應該接受。但如果醫生開的藥方只是有治療作用的安慰劑，例如只減輕你的

不舒服或緊張性頭痛等，這說明你是屬於75％的病人範圍，就是不需要藥物治療也可痊癒。可以用身心放鬆方法，並結合減少食鹽量、控制體重和運動等，治療的效果很好。

當醫生開藥方給你的時候，你應該問一些問題，但要很禮貌的問，譬如：「我是真的需要藥物治療嗎？」「是否能用非藥物療法？」如果醫生同意你可以用非藥物治療的意見，就可以知道這藥不是特別治療你的疾病的。也許，它只是消除你的憂慮，或者只是用以減輕你的症狀。這時，你就可以發揮內在潛力，運用正確的生命調理法，來恢復和促進你的健康了。

根據醫學調查統計，發現許多病人經常接受外科醫生不必要的手術治療。如果你被外科醫生告知要做手術治療，最好再去看第二位外科醫生，聽取第二者的意見。這點對你的健康很重要，因為很多人往往錯誤地認為，只有服藥或手術治療才能夠使人恢復健康。

（4）要善於運用正確的生命調理法。

第五章
善用傳統方法來調理生命

　　自古以來，人類就知道心理有毛病，可能引起身體的各種疾病；而身體的疾病，也可以影響心理的健康。早期人類認為疾病是魔鬼作祟的結果，所以有巫術、驅魔捉妖、趕鬼除邪的江湖術士出現。同時，也有不少修心養性的生命調理法或解脫妙學問世，譬如瑜伽、修禪、氣功、道家陰陽、各家各派的丹道術、佛家法輪、禮佛、茹素、誦經、觀想、持咒、占卦、結印、外丹功、內丹功……等等。教人用功的方法五花八門，有的以禁咒符祿驅鬼除邪，有的以煉丹求長生為標榜，有的真，有的假，有時有幫助，有時甚至是絕對的詭秘、迷信與欺騙。因為追尋、探索神秘以及求長生不老，是人類的特性之一，因此容易使人走火入魔，誤入歧途。

　　早在春秋戰國時代，由於出現「百家爭鳴」的氣氛，不管在學術、哲學與醫學等領域，都有創新的見解和理論。但也有不少文人雅士寓意於清談與幻想，對生命與健康的看法，文奇義奧，神奇詭秘，玄虛夢幻，不切實際。根據馬濟人編著的《中國氣功學》指出，當時燕、齊兩國的沿海一帶，就出現一批自稱具有奇方異術的所謂「神仙方士」，他們鼓吹能入海求「不死之藥」，

並能煉出金丹，以「丹」養生，即所謂「煉丹術」。據傳引起秦始皇的夢想，遂命三千童男童女，遠渡東洋尋求長生不老之藥，但並沒有找到。

到了漢朝，漢武帝更不遺其力的追求仙藥，他雖追求了50年，曾經聘請不少的方士，也殺了不少方士，甚至還把女兒嫁給方士，但是不死之藥也沒有得到。後來為了心理安慰，漢武帝只好在建章宮北面的泰液池內建築了幾個小島，取名蓬萊、方丈、瀛州等，企望能夠長壽於仙島，但他的夢想沒有實現。一直到了晚年，他才悔悟地說：「天下豈有仙人，惟節食服藥，差可少病而已！」

到了唐朝，外丹術已大為盛行，當時的朝廷貴族形成了服食金丹的風氣。但「金丹」含有劇毒，主要成分是紅色的硫化汞及少量的砷與鉛等，服食之後常會引起慢性中毒死亡。根據《二十二史劄記》記載，唐太宗、憲宗、穆宗、敬宗、武宗、宣宗，皆因服食丹藥中毒致死。朝中大臣如杜伏威、李道古、李抱真等，也是因服食丹藥中毒而亡。

因為金丹中含有劇毒物質，服用之後經常會中毒而導致夢幻、昏迷的感覺，甚至意外死亡。在古書中，如《神仙傳》、《丹經》、《道藏》和《性命圭旨》等，都有「白日飛升」的描述，實際上是金丹中的劇毒物質，致使他們出現飄飄欲仙的感覺，因此有了幻影。

如晉朝神仙道教理論的奠基人葛洪，就大力鼓吹服食金丹可成仙之說。他說服丹之後可以長生不老，成仙上天，如服一轉之丹三年得仙，服二轉之丹二年得仙，而服九轉之丹則三日就可得仙等等。把「金丹」說成是神仙丹藥，修命之寶。難怪道家內丹

術的奠基人北宋張紫陽（亦稱紫陽眞人），在他寫的〈悟眞篇〉裡提出「性命雙修」鍛鍊，並且告誡後人說，「此恐學道之人不通理性，獨修金丹，如此旣性命之道未修，則運心不普，物我難齊，又爲能究竟圓通，鷂超三界」，就是指責只修金丹者之非，蓋金丹僅修命，未修性也。同時他又指出學煉丹術的難度，「學者如牛毛，而達者乃如鱗角也。」宋代的另一位醫家張杲，也蒐集不少服食外丹致死的具體資料，並在其所著的《醫說》一書中，寫下了「金石藥之戒」，以警告世人。

因爲服食金丹致死的人很多，自唐代以後，外丹術就開始衰落了。當時那些煉丹的方士，因爲懂得煉丹的方術，所以方術又稱爲「道術」，而方士又被稱爲「道士」。當時的「道士」與道教並沒有關係，他們也沒有一套宗教理論。道士所以成爲道教的專門名詞，是從南北朝時候開始的。道教繼承與發揚煉丹技術，把各種講道術的煉丹術納入他們的範疇，並繼承老子的一套調息鬆靜養生哲學理論。

自唐朝開始，佛敎（包括瑜伽術）自印度傳入中國後，與中國固有文化交融，產生出密宗禪修的鍛鍊法，即所謂佛家氣功，注重觀想入靜，集中意念、修氣脈與明點，即以「修性」爲主，做到「明心見性」。當能見性時，便徹知宇宙的本質（即法界自知），進入最高層次的「大圓滿」境界。

自宋代開始，道家的內丹術就開始發展。內丹術的基本特徵是以呼吸（調息、調身、調心）與鬆靜養生的靜功爲主的鍛鍊方法，即所謂道家氣功。道家氣功，以紫陽眞人的著作爲經典，他提出性命雙修，身心兩練，虛實並重，所謂「練精化氣，練氣化神，練神還虛」的三步功法，並以老子的清淨、無爲和自然爲指

導練功，推動心靈氣質不斷昇華，使人的身心高度淨化與均衡發展，進入最高層次的靈性境界。

不論佛或道家氣功，當人進入靈性（精神）的最高層次時，有些人會出現「加持力」（密宗語），或「神通」（道家語），或「特異功能」（大陸稱）的現象。例如中國民間奉爲「八仙」中的三仙張果老、漢鍾離、呂洞賓，其實他們都是當時的內丹家，世傳種種的仙法，就是他們以精勤不懈的毅力，修煉內丹功後所產生的特異功能「神通」，又稱「神足」。這是練功後的副產品，不是佛或道家練功的目的。

我們知道，人體潛能在於腦的開發，根據腦神經學家研究人腦的奧秘發現，平時人腦只用上25％的功能而已。當人身心進入鬆靜安寧的境界時，腦波進入 α 與 θ 波形，即從醒意識進入完全潛意識狀態，這時腦中樞神經系統非常敏感，刺激1,000億以上的腦細胞（神經元）發揮連鎖反應作用，類似所謂超能力就開始。因此，道家或密宗禪修都提出警告，當「神通」起時，應修心內斂控制神通，不可用以招搖撞騙，欺人謀利，害人害己。故修練氣功首先要重道德修養，佛門的「戒、定、慧，與止惡修善」與道家的「滅妄心，存照心」等，都是爲練功者指出的正路。道家氣功，主要包括大小周天呼吸靜坐功法、內養功、內丹功等，強調「性命雙修」。道家的內養功是以性命雙修爲核心，進而達到袪病健身，延年益壽之目的。

在這裡應指出，道家與道教不同。道家是從哲學的角度，觀察與理解社會政治、人生與自然界現象等，是一種學派，一種哲學思想，以老子及莊子爲代表。道教則是在東漢末年始立，由張陵所創的「五米道」和張角兄弟所創立的「太平道」，後合併而

稱為道教。兩者雖分別以《老子五千文》、《太平清領書》奉為
主要經典，但都以符水咒法治病進行活動。所以，道教是一種宗
教組織。現在，道教更發展而形成許多不同派別。

傳統的養生方法

　　中華民族具有悠久的文化與醫學的歷史。我們優秀的祖先面
對瞬息萬變的大自然與猛獸的襲擊，在搏鬥或逃跑的反應中求生
存，在狩獵與勞動中尋找食物，在與疾病、衰老抗爭中求健康等
實踐經驗過程中，逐漸的體驗到宇宙物質變化的本性，創造出了
一套獨特的醫學理論、方藥、身心鍛鍊以及調理生命的方法。

調息與鬆靜養生

　　調息與鬆靜養生是中國道家傳統的生命調理法，主要以老子
的養生哲學為根據。《中國氣功學》指出，早在2,500年前，老
子就在他著作的《道德經》裡，除了政治哲學見解之外，也提出
了調息與鬆靜養生的方法。他的養生哲學見解對於後世中國醫
學、哲學和氣功學的發展影響很大，甚至被道家養生學派所繼承
而成為道家的養生之道。

　　在人生哲學方面，老子提出了「禍莫大於不知足，咎莫大於
欲得」，強調「見素抱樸，少私寡欲」等理念。這就是說災禍莫
過於不知足，罪過莫過於貪得無厭，要知足與清心寡欲，要外表
單純，內心純樸，棄私心，除慾望等。他又提出修性養生之道必
須要守中，「去甚，去奢，去泰」，即應該去掉那些極端的、奢
侈的和過分的東西。並且做人處世要具有「方而不割，廉而不

劇，直而不肆，光而不耀」的道德修養，即要做到方正而不顯得
僵硬倔強，具有稜角而又不把人割傷，剛直而不誇耀與無所顧
忌，明亮而沒有刺眼的光芒。做任何事都要守中適當，不要偏激
過枉，這樣自己的身心才能健康受益。老子的這些見解，兩千多
年來一直被歷代養生家所繼承與發展，如中國大養生家陶弘景
說：「莫大憂愁，莫大哀思，此所謂中和，能中和者必久壽
也。」儒家孔子更提倡「中庸之道」，董仲舒也說「能以中和養
身者，其壽極命。」

　　老子在闡述其政治與哲學見解的同時，也很細微而深刻的描
述以鬆靜養生的體會和感覺。他深切體會到進入鬆靜之後，身心
感覺非常的舒適與奧妙，猶如進入飄飄欲仙的境界。老子在靜觀
中（相當於現代自我催眠的狀態），頭腦裡湧現出靈感、影像與
創意，閃耀出眞知灼見，使他悟出了「道」的奧妙道理。老子描
寫「道之爲物，惟恍惟惚。惚兮恍兮，其中有象。恍兮惚兮，其
中有物。窈兮冥兮，其中有精。有精甚眞，其中有信。」難怪孔
子拜訪老子後說：「朝聞道，夕死可也。」

　　老子不但對靜功深有體會，而且也提出了一套練習靜功的方
法。他指出要進入鬆靜，首先要與呼吸相配合，即呼吸要做到
「綿綿若存，用之不勤」，「虛其心，實其腹」，以及「專氣致
柔」，即要做深而緩慢的腹部呼吸，意守丹田，還要專心吸氣，
致力鬆柔。同時要「滌除玄覽」，「塞其兌，閉其門，挫其銳，
解其紛」等，就是要進一步的消除雜念，塞住知識思考的穴竅，
關上知識思考的大門，不露鋒芒，超越糾紛，才能進入靜觀，達
到鬆靜養生、促進身心健康的目的。

　　老子在其著作中反覆強調，要養生及延年益壽，就要練習鬆

靜功夫。他的這個見解被中國歷代養生家，甚至道家、儒家所繼承，如莊子、孫思邈、蘇東坡、歐陽修、白居易及陸游等大文學家，他們都經常練習鬆靜養生的功夫。尤其蘇東坡，在潛心鍛鍊靜功後描述其好處說：「其效初不甚覺，但積累百餘日，比之服藥，其效百倍。」可見鬆靜功夫必須經常練習，持之以恆，才能夠得到良好的效果。

　　至於孔子的學生顏回也擅長於靜坐。這在《莊子‧大宗師》裡有所記載，「顏回曰：『回坐忘矣。』仲尼蹴然曰：『何謂坐忘？』顏回曰：『墮肢體，黜聰明，離形去知，同於大通，此謂坐忘。』」這就是顏回進入了自我催眠的定靜與忘我境界。人處在這個境界之中，可以進入比知識與經驗更高、更豐富的層次。正如孔子在《大學》裡所說的，「知止而後能定，定而後能靜，靜而後能安，安而後能慮，慮而後能得。」也就是進入自我催眠的定靜境界後所得到的正面效果。

飲食養生

　　飲食養生，主要以食物調養為主。《中國氣功學》指出，古代醫學家提倡：「食物療養適當，可以不藥。即須用藥，亦必以食物互助，俾奏全功。」藥物養生法，包括以中草藥為主來補血、補氣、補陰和補陽等。在《神農本草經》裡，記載了大量的抗病防老藥物和養生方藥等。此外，還有藥粥、藥酒、藥茶、藥膏等養生法。

修心養性靈性昇華

　　修心養性，強調以人生哲理為準則。在修養方面，必須秉持

立志養德、清心寡欲、愉悅情懷、知足常樂和存理去欲等潔身自愛的守則。俗語說：「酒色財氣四道牆，人人都在裡邊藏，若能跳出牆外去，不是神仙也壽長。」也是這個道理。在生活方面，要做到起居有常、安臥有方、審慎房幃、節欲養精、居住相宜、衣著合體和洗漱適宜等。

在修心養性方面，不論佛家、道家和儒家都提出他們的主張。例如：

1.佛家：以觀想與止觀入靜，講究修氣脈與明點。提出修性、修善與慈悲心，普度眾生。要做到心靈無念，「明心見性」、「法界自知」，進入「大圓滿」境界。因此，必須「時時勤拂拭，勿使惹塵埃」，要有「戒、定、慧與止惡修善」之道德修養。

2.道家：強調「修身練性，返本歸真」、「本於天道良心」，做到天人合一，即所謂性命雙修。提出「煉精化氣，煉氣化神，煉神還虛」功法，要有「滅妄心、存心照」之道德修養。

3.儒家：主張「存心養性」，提出「修身齊家治國平天下」，以及「己所不欲，勿施於人」之內心修養功夫。要做到「一日三省吾身」，與「中庸」處世之道。

4.基督徒：作為基督徒，首先要做到愛天主（上帝）在萬有之上及愛人如己，並追求真善美德，信義、仁愛與和平。以天主「十誡」來隨時警覺自己，尤其著重於修超性生命。通過靜觀祈禱與天主共融，激發出先見力、洞察力及想像力等。

音樂或語言調適：性靜情逸

音樂或語言，可以放鬆身心，消除煩惱與壓力，達到鬆靜養

生、調養身心以及性靜情逸的目的。音樂方面，在古代的人類就會運用，如舊約聖經撒慕爾記上一章裡記述，國王撒烏爾召年輕的達味入營彈奏七弦琴，以消除他的憂慮、抑鬱和恐懼情緒，因為異族哥肋雅巨人正在挑戰與入侵。在現代的音樂治療中，經常應用每分鐘56～60拍的音樂，讓人靜聽之後，使心臟跳動緩慢，與音樂節奏和諧，腦波進入 α 和 θ 狀態，即進入身心放鬆和潛意識的境界。在語言方面，如果不斷的重複單音字，例如「安」字，道家或默念六字真言周天靜坐法，佛家或默念《觀音真經》的前六個字等，再加上身體不斷重複搖擺動作，不論坐著或站立，都可以導引你進入身心放鬆和潛意識的境界。

以情制情：調適身心、促進健康

《中國氣功學》指出，中國古代醫家常用言行或事物作為手段，來控制和調節人們的情緒變化，以治療心理（精神）或身體的疾病，促進和恢復身心健康，是養生防病和調理生命的有效方法之一。這種方法稱之為「以情制情」，相當於現代醫學心理學的「認知行為心理療法」。雖然中國從未建立和發展系統心理學，但應用以情制情的方法，可以說是中華民族特有文化中的一種特殊心理療法，比現代醫學心理學的「認知行為心理療法」要早一千多年。這也就是國人所常說的「心病還須心藥醫」。

以心藥治心病的例子很多，現引用一個典型的例子說明，即《三國演義》裡所描述的「赤壁之戰」故事。在赤壁之戰前夕，周瑜面對著曹操百萬大軍壓境，突然情緒焦慮，引起急性憂鬱症，遂臥病不起。諸葛亮知道之後就前往診治，給他開出了一張絕妙的處方：「欲破曹公，須用火攻，萬事具備，只欠東風。」

周瑜十分了解諸葛亮深謀遠略，並精通天文氣象，此一妙方暗示著將會有東風吹起，必能大破曹軍，因此病情立刻痊癒。在浩瀚的中國醫學文獻中，可以找出許多寶貴的行為認知心理療法，在《中國氣功學》裡，特別介紹幾個古代以情制情的病例：

1.在南北朝時，燔陽王被殺，他的妃子非常悲痛，心情憂鬱，因而臥病不起。王妃之兄邀請畫家為其妹畫燔陽王畫像，以慰哀思，不料畫家所繪畫的是燔陽王生前與寵妾調笑的醜相。由於畫得生動逼真，王妃看見後，非常的憤怒，勃然大罵：「老賊罪該萬死！」大罵之後病情好轉。

2.名醫華佗治療的一個病案，記載於《三國志‧魏書‧方技略》裡。敘述一名郡守患有焦慮憂鬱症，整日沉默寡言，久病體弱。華佗診斷後，認為應用以情制情的方法來治療。於是，他每天在郡守家裡食喝玩樂，不但不開處方治病，而且還要了郡守不少診金。不久，華佗不辭而別，並留下一封信辱罵郡守。郡守閱信後，勃然大怒，暴跳如雷，嘔吐出黑血塊，不久之後病情逐漸好轉，並恢復了健康。

3.在《醫宛典故趣拾》裡，記載清代一位巡按大人患了憂鬱症，整日抑鬱少歡，愁眉苦臉。他的家人特邀名醫診治，經醫生問診並按脈一段時間之後，竟診斷巡按大人的病因是：「月經不調。」巡按大人聽後，捧腹大笑不已。他說：「堂堂男子，焉能月經不調乎，真是荒唐至極！」從此，他每憶及此事，就忍不住喜笑一番，心境頓覺開朗，憂鬱之症消除。

4.元代有一位青年秀才，婚後不久妻子突然死亡，因極度悲痛，久而成疾，出現了創傷後壓力症候群症狀，家人請了不少名醫診治，皆無療效。醫家朱丹溪前往就診，當問明病因及診脈之

後，就對秀才說：「你有喜脈，看樣子恐怕已數月了。」秀才聽後哈哈大笑說：「什麼名醫，男女都不能區分，談何治病，眞是庸醫也。」從此之後，每當他想起此事就不禁大笑，過了一段時間之後，秀才的飲食逐漸增加，心情也慢慢開朗，內心的創痛也逐漸消失與康復。

5.在《儒林外史》中，記載清代范進中舉的一段有趣故事。范進是一個十分勤奮、終日誦讀經書的人，長期夢想中舉，但連年不中，直到年邁時才中了舉人，因此狂喜過度而發生了癲喜狂症。他平時最害怕的岳丈胡屠夫，看到他一幅瘋狂的樣子，不但打了他一記耳光，並且還狠狠的罵道：「該死的畜牲，你中了什麼舉？那報錄的話是哄騙你的！」范進聽後就昏倒過去，醒來之後，他的癲喜狂症狀便消失了。

6.在《古今醫案按‧七情》中，記載金元名醫張子和治療項關令妻子的病例。這婦人患病之後，飢餓而不能進食，產生了厭食症，情緒不安、易怒，整日叫罵，請了不少名醫治療皆無效果。後請名醫張子和來診治，他就以相當於現代「認知行爲心理療法」來治療，即要項關令找來兩個年輕女子，塗脂抹粉，妝成了戲子模樣，忸怩作態的在他的妻子面前大食大喝，並口口聲聲稱讚食物的新鮮美味。項關令的妻子看了之後，忍不住要求品嘗一下。品嘗之後覺得食物確實新鮮美味，心中的怒氣隨之逐漸消除，食慾也漸漸的增加，不久便恢復了健康。

運動或舞蹈：陶冶心情、促進健康

運動或舞蹈，可以調養人的身心，強筋壯骨，疏通血脈，促進健康。在秦代《呂氏春秋》古樂中，曾記載以舞蹈治病之事：

「昔陶唐之始，陰多滯狀而湛積，水道壅塞，不行其源，民氣鬱瘀而滯著，筋骨瑟縮不達，故作爲舞以宣導之。」因爲古代中原地帶，洪水氾濫成災，歷時甚久，洪水瀦留、水溼濃盛，引起人民肌膚腫脹，關節不利的狀況。人們根據平時積累的知識與經驗，就選用了一些舞蹈動作，以疏通血脈、強筋壯骨。《路史》前紀第九卷中也記載，「陰康氏時，水瀆不疏，江不行其源，陰凝而易悶，人既鬱于內，腠理滯著而多重墜，得所以利其關節者，乃制爲之舞，敎人引舞以利導之，是謂大舞」。早在《黃帝內經》裡就提出了運動祛病方法：「中央者，地平溼，天地所以生萬物也，其民食雜而不勞，故其病多痿厥寒熱，其治宜導引按蹻。」「導引按蹻」，據古代醫家王冰解釋：「導引，謂搖筋骨動肢節。按，謂抑按皮肉。蹻，謂捷舉手足」；醫家釋慧琳注：「凡人自摩自捏，伸縮手足，除勞去煩，名爲導引。」

還有，非洲和巴西的土人宗敎祭典禮儀中的舞蹈，人們配合著粗獷的鼓聲與單調的音樂，經過一段時間的重複激烈狂舞之後，鼓聲與音樂突然停止，整個部落就進入了安寧鬆靜的催眠狀態。在動作方面，中國的五禽戲（虎、鹿、熊、猿、鶴）、八段錦、十二段錦、十六段錦、太極拳、易筋經、印度瑜伽以及擊拍推拿按摩法等，不但可以安舒神經、調節呼吸、加強血液循環、增進消化系統功能，而且還能舒通血脈、強筋壯骨、調養身心、消除壓力、舒緩緊張、性靜情逸、心平氣和以及延年益壽等。

動靜氣功：調身、調息、調心

綜合各家各派的氣功，可以分爲「靜氣功」和「動氣功」兩種形式。靜功，多取坐、臥、站等姿勢，結合意念高度集中與各

種呼吸法，以達到調身、調息、調心作用，包括靜坐默想、打坐、禪悟、祈禱、誦經、內養功、內丹功、大小周天靜坐功法等。動功，則以「意」和「氣」相結合，做各種肢體運動、自我按摩以及拍擊等，如五禽戲、八段錦等功法。因此，不論是動與靜氣功，都可以導引進入身心放鬆狀態。

　　筆者根據中國傳統醫學的智慧與氣功，結合現代醫學生理學原理，發展了一套效力宏大的調息養生保健氣功。這套運動男女老幼咸宜，尤其特別適合中年以上人士。它是通過呼吸吐納、調息養生，並結合各種肢體運動，自我按摩與拍擊等動作，尤其重複運動身體某些肌肉群，可以增加腦神經傳導化學物質，例如血清素和腦內啡的分泌，消除緊張、焦慮、壓力、痛覺，調適與放鬆身心。若結合養生太極拳一起練習，持之以恆，其效果更佳。

第六章
善用現代醫學來調理生命

　　現在要向大家介紹的醫學方法，是針對目前社會的弊病，以及現代人因身心壓力所引起的症狀或疾病，以現代醫學觀點，生理、心理以及生化學的原理，並結合中國傳統保健養生哲學智慧，發展出來的一套身、心、靈整合，調適壓力及調理生命的正確方法。這套方法必須綜合運用，缺一不可，並且要持之以恆，才能達到最好的效果。

均衡飲食：生命的營養

　　現代人雖然有很多的食物可供選擇，但大部分的人都沒有選用有益健康的食物。事實上，科學研究報告已指出，身體不健康的原因與我們的日常飲食密切相關。不適當的飲食可以影響身體健康，甚至引起若干疾病，如身體超重、冠心疾病、高血壓、高膽固醇、消化系統疾病、便秘、某些癌症、膽結石、肝病、糖尿病和蛀牙等。根據美國國家營養委員會報告指出，在現代社會，造成大部分人死亡的原因，主要是由於心臟病、糖尿病、高血壓、肥胖症和癌症所引起。這五種疾病都與飲食有著密切的關

係。

大量的醫學研究資料證實，正確而適當的食物可以預防癌症或抑制癌細胞的生長，配合手術、化學和放射線療法等，可以增強治癌效果及促進癌症的康復。同樣，某些食物對癌細胞生長具有促進的作用。根據世界醫學權威之一，英國劍橋大學教授理查・道爾（ Richard Doll ），在他的著作《癌症的發生》（ *Causes of Cancer* ）一書中指出，35%的癌症發生率與食物有關，例如含有高動物性脂肪和蛋白質的紅肉類（牛、豬和羊肉）、蛋類、乳酪、牛油和其他的動物類油脂，以及缺乏纖維質的食物，不但直接與冠心疾病有密切關係，而且與乳癌、直腸癌及前列腺癌等也有關聯。缺乏維他命和礦物質的食物，與口腔癌、食道癌、胃癌，甚至子宮癌等有關。

因為癌細胞的生長需要營養，如乳癌細胞的生長，就需要高脂肪食物提供足夠的能量和脂肪酸。直腸癌的發生，可能與腸道裡的有毒或致癌物質滯留過久、刺激腸黏膜有關，而富含高纖維的食物可以加速這些物質通過腸道，減少癌症的發生率。維他命A大量存在於胡蘿蔔、牧草、青菜和南瓜等，能夠影響和控制不正常細胞的去分化作用（ di–differenfiation ），使細胞能循著正常的分化途徑，經由生長成熟到死亡，以維持和促進正常細胞的新陳代謝功能。現有的醫學研究報告指出，維他命 A 具有防護癌症發生的作用，可以減少口腔癌、乳癌和子宮癌的發生率，同時促進這些癌症的康復。

當然，癌症發生的原因十分複雜，包括正常細胞的遺傳基因突變，或身體長期接觸致癌物質刺激，不適當、不健康的飲食誘因，加上人體內免疫機能降低，以及內分泌系統不正常等所致。

健康的食物應該含有各種營養成分，包括蛋白質、碳水化合物、脂肪、維他命與礦物質等，以提供身體足夠的營養需要。

例如碳水化合物，提供足夠能量給身體維持各種活動。蛋白質是整個人體組織的建築材料，如肌肉、血液細胞、神經和腺體等，都需要蛋白質組成；毛髮、指甲也需要蛋白質來保持健康。人體內的所有蛋白質，都來自於我們所攝取的食物。在童年、青少年、婦女懷孕和授乳期間，都需要大量的蛋白質供應。礦物質如鈣、鐵、磷、鎂等對身體也很重要，我們的骨骼、牙齒、血液以及身體內的一系列化學反應，都需要礦物質的幫助。維他命是體內重要的化學反應所必需的物質，使碳水化合物、蛋白質和脂肪釋放能量，並維持神經系統的正常功能以及促進紅血球的產生等。

現代的營養學家建議，健康的食物應包含50～55％的碳水化合物，15～20％的蛋白質，少於25％的脂肪，以及適量的礦物質和維他命等。某些維他命如 A、E，必須溶解於脂肪才利於吸收，如果缺乏脂肪就會影響這些維他命的吸收。脂肪層對我們體內器官具有保護的作用，並且維持人體溫度。但過多的脂肪和膽固醇對大部分人的身體健康又會造成損害，尤其高量的飽和脂肪和膽固醇，是冠心疾病的重要誘因之一，我們應該避免（請參考表6.1 食物一覽表）。

表6.1 食物一覽表

種類	供應量（克）	卡路里（千卡）	膽固醇	飽和脂肪%
醃豬肉	30	200	＜33％	34－66％
豬腦	140	405	＞67％	＞67％
烤雞	100	200	34－66％	＜33％
火腿	60	234	34－66％	34－66％
羊肉	100	180	34－66％	34－66％
肝腎	140	390	＞67％	＞67％
豬肉	80	350	34－66％	＞67％
燒肉	75	370	34－66％	＞67％
兔肉	100	190	34－66％	＜33％
香腸	110	350	34－66％	＞67％
牛排	100	200	34－66％	34－66％
小牛肉	75	40	34－66％	34－66％
魚	100	100	4－66％	少
蟹	90	90	34－66％	少
龍蝦	90	85	＞67％	少
蝦	100	100	＞67％	少
蠔	100	100	＞67％	少
帶子	100	100	＜33％	少
鮭魚	120	195	＜33％	少
沙汀魚	60	100	＜33％	少
蘋果	100	50	－	－
杏	100	45	－	－
牛油果	100	165	－	＜33％
香蕉	100	90	－	－
車厘子	100	60	－	－
葡萄	100	65	－	－
棗子	3595	－	－	－
桔子	100	45	－	－
橙	130	60	－	－
桃子	110	45	－	－
李子	100	60	－	－

種類	供應量（克）	卡路里（千卡）	膽固醇	飽和脂肪％
波蘿	80	40	–	–
草莓	100	5	–	–
葡萄乾	13	35	–	–
西瓜	110	30	–	–
馬鈴薯、飯	110	100	–	少
豆、玉米	60	45	–	–
胡蘿蔔、南瓜	90	25	–	–
青菜	60	–	–	–
杏仁	15	95	–	少
青椰子	15	55	–	34 – 66％
椰子乾	15	100	–	34 – 66％
花生	15	85	–	＜ 33％
核桃		15	110	– 少
乳酪	30	120	＜ 33％	34 – 66％
乳脂	20毫克	75	＜ 33％	34 – 66％
蛋	50	80	＞ 67％	＜ 33％
冰淇淋	60	130	＜ 33％	34 – 66％
全乳	300毫升	205	34 – 66％	34 – 66％
脫脂乳	300毫升	180	＜ 33％	＜ 33％
全脂乳酪	200毫升	200	＜ 33％	34 – 66％
脫脂乳酪	200毫升	110	少	少
夾心餅乾	20	20	少	少
麵包	25	60	少	少
穀類早餐	100	100	–	少
蛋糕	40	150	–	少
水果餡餅	140	330	–	＞ 67％
麥片	33	120	–	–
外賣春捲	180	400	＜ 33％	＞ 67％
炸馬鈴薯片	150	400	＜ 33％	＞ 67％
肉餡餅	125	475	34 – 66％	＞ 67％
義大利餡餅	150	360	34 – 66％	34 – 66％
香腸捲	125克	475	34 – 66％	＞ 67％

種類	供應量（克）	卡路里（千卡）	膽固醇	飽和脂肪%
啤酒	300毫升	120	–	–
香檳酒	150毫升	125	–	–
西打	180毫升	180	–	–
濃縮飲料	240毫升	240	–	–
汽水	370毫升	165	–	–
甜酒	150毫升	135	–	–
巧克力	20	110	< 33%	34 – 66%
蜜糖	20	75	–	–
牛油	20	145	34 – 66%	> 67%
果醬	20		75	– –
糖	20	80	–	–
酵母醬	7	–	–	–

我們的日常飲食應有七大原則：（1）富含高纖維：高纖維食物可以防止便秘，也可以降低直腸癌罹患率，同時對控制體重有很大的效果；（2）低脂肪、低熱量與低糖份；（3）少加工品，尤其是成癮料、人工色素和防腐劑；（4）多水果蔬菜類，少紅肉類（豬、牛、羊肉）、蛋類、乳類或其加工產品等；（5）少食鹽；（6）少喝咖啡和酒，不要吸煙；（7）多飲水，一天要喝1,500CC.的水，包含新鮮水果汁最好。水分對身體健康很重要，可以幫助排除體內代謝的廢物。此外，應保持體重在正常的標準範圍內。健康的體重範圍，可以應用以下公式計算：體重指數（BMI, Body Mass Index）＝體重（公斤）／身高的平方（公尺）。正常範圍應該在20～25之間（如超過25為超重）。食物的營養，尤其是維他命與礦物質，與壓力有密切的關係（表6.2）。

表6.2 營養和壓力的關係

營養	長期缺乏的影響
維他命 C	疲勞、抵抗力降低、易引起壓力和化學藥物中毒
維他命 B 群	疲勞、憂鬱、消化不良、經期前緊張、敏感、貧血
鈣	急躁、易怒、失眠、抽筋、經期痛、骨質疏鬆
磷	骨質疏鬆、精神不易集中、身體痠痛
鎂	急躁、易怒、對噪音敏感、失眠、腿抽筋、聽覺減退、對念珠菌屬慢性感染的抵抗力降低

你知道每分鐘消耗了多少熱量嗎？這對於體重的控制很有幫助，請見下表。

表6.3 人身體活動每分鐘消耗的熱量

活動	消耗卡路里／分鐘
睡覺	1.1
梳洗與穿著	3.0
快走	5.2
開車	2.8
坐著	1.5
坐著寫字	2.0
站立	1.56
輕度家事	3.0
整理庭院	4.8
游泳	14.0

現在你可以自己計算，一天中消耗了多少熱量，以及你一天的食物中共含有多少熱量，這對於控制體重有相當的幫助。如果你一天食物的總熱量超過你的消耗熱量，所剩餘的熱量就會轉化

為脂肪而儲存在身體內，一定會肥胖。能量的計算單位，通常以千焦耳（kj，kilojoules）單位來表示。如果你習慣以卡路里單位來計算，你可以轉換，即一卡路里＝4.184kj。你可以依照上面的食物一覽表，來計算你一天的食物含有多少熱量。

你一天需要多少的熱量呢？請你參考表6.4所列出的數字。

表6.4 一天所需熱量

類別	年齡	體重（公斤）	熱量（千焦耳）
男	18 – 35	62	11,000
	36 – 55		10,000
	55 – 75		8,000
女	18 – 35	52	8,000
	35 – 55		7,000
	55 – 75		6,000
懷孕婦女	18 – 35	+ 12	8,600
（2 – 3期）	> 35		8,800
授乳期	18 – 35	52	10,000
	> 35		9,600
嬰兒	1／2 – 1		420 – 380
兒童	1 – 3	12	5,300
男孩	3 – 7	18	7,100
	7 – 11	26	9,000
	11 – 15	40	12,000
	15 – 18	55	12,400
女孩	3 – 7	18	7,100
	7 – 11	26	8,500
	11 – 15	40	9,000
	15 – 18	55	8,200

＊如果你以卡路里為計算單位，除以4.184即可。

適當的運動：健康的能源

適當的運動對我們的身體健康很重要。現在台灣經濟發達，農牧產品豐富，人民生活富裕，享用著豐富的食物，但能夠經常做運動的人不多，尤其步入中老年的人，不少人頸項僵硬、肩背腰痠痛、走路氣喘、步履沉重、血液膽固醇含量增高，以致引起高血壓，甚至心臟病與腦中風等疾病。現代人沒有運動的話，就好像放水進入浴缸裡，沒有把出水孔的塞子打開一樣，遲早總會滿溢出來。醫學專家指出，運動是消除壓力的最好方法之一，面對21世紀的挑戰，除非你經常運動，否則不易消除日常生活中緊張的情緒，也不能妥善調理生命和保持身心的健康。

美國南加州大學醫學專家夫瑞斯博士（ Dr. Herbert de Vries ）曾做實驗比較運動與鎮靜劑對舒緩情緒緊張的作用。情緒緊張的人大部分會發生肌肉緊張收縮，而測量肌肉的緊張程度就可以測知情緒緊張時對它的影響。他發現運動效果非常好，20～40分鐘的有氧運動，能夠立刻減輕焦慮及改善心情，而且效果能持續長達數小時，即使只做十分鐘的有氧步行運動，也比服用鎮靜劑更能放鬆身心。

美國聖地牙哥醫學中心精神科醫生柯斯楚巴拉（ Dr. Thaddeus Kostrubala ），每天都跑步。他的病人看到他每天都跑步，不久也和他一起跑，每星期三次，每次一個小時。過了一段時間之後他驚訝的發現，這些與他一起跑步的病人狀況有所改善，尤其焦慮與恐懼症病人的症狀大大減輕或消除，甚至精神分裂的病人，也減少其用藥量甚至不用藥了。

美國有一項實驗比較運動、藥物治療與精神療法的報告指出，三組憂鬱症的病人分別以運動、藥物與精神療法做比較實驗，經過了12星期的觀察，並且追蹤調查九個月之後，發現三組病人都有不同程度的改善。令人感興趣的結果是，每天都做跑步（慢或快）運動組的效果甚至優於接受精神療法的病人。美國亞利桑那大學醫學院的威廉·摩根博士（Dr. William Morgan）也發現，運動可以消除恐懼情緒。

運動對身心健康的益處

運動，可以簡單而有效地消除壓力、焦慮與恐懼的情緒。運動可以使人快速排除身體內過多的抗壓力荷爾蒙或神經傳導物質，如腎上腺素、正腎上腺素和可體松等。這些物質是身體為了應付壓力、搏鬥或逃跑反應所分泌和作用之後餘留下來的，如果累積過量與過久就會影響身體健康。運動，還能夠消除壓力所引起的身體症狀，如頸背痛、頭痛、肌肉痛，以及消化不良等。此外，運動還有以下許多好處：

1. 放鬆慢性肌肉緊張。

2. 消除疲勞和失眠。

3. 消除壓力情緒，如易怒、急躁等。

4. 精神振作、減少焦慮和憂鬱。

5. 增強肌肉收縮強度和彈性、減少腰痛、增加姿態美、防止骨質疏鬆症、控制血脂肪正常含量、減少肥胖症和高血壓等。

6. 增強代謝功能，減少消化不良和便秘。

7. 促進和增強免疫功能。

8. 延年益壽。

　　中國古代養生家指出，「養生之道，常欲小勞，但莫太疲及強所不堪耳」，這句話的意思即養生需要經常的運動，但運動要適量，不能過於劇烈，超過身體的忍耐力。如果你年輕的時候很少做運動，現在步入了中、老年階段，你在事業上很成功，但你血液裡的膽固醇濃度增高，並且有高血壓，你現在知道運動的重要性，尤其對心臟有好處，於是開始做劇烈的運動，如跑步等，這對身體不但會過度負擔，而且還可能會引起心肌梗塞的危險。

　　《呂氏春秋》指出：「流水不腐，戶樞不蠹，動也。形氣亦然；形不動則精不流，精不流則氣抑。」，這就是說不斷流動的水清澈而無腐爛殘渣，經常轉動的木門樞軸不會被蟲蛀蝕，因為兩者都在動的緣故。人的身體和精神也一樣，若身體不運動，則精神不振作與不舒暢；精神不振作、不舒暢，則氣力衰竭。這說明運動對身體健康的益處。

　　前面曾指出，中國最早的醫學著作《黃帝內經》裡已特別提出運動祛病的方法，即「導引按蹻」，而「導引按蹻」就是指運動。因為古代中原地區，洪水經常氾濫成災，水溼之氣太盛，人們普遍出現肌膚麻木、關節不靈活的情況，因此運用導引按蹻的方法以舒筋壯骨，通利關節，強健體質以及促進健康。「中央者，其地平溼，天地所以生萬物也，其民食雜而不勞，故其病多痿厥寒熱，其治宜導引按蹻」。可見導引按蹻一開始就是作為防病治病之用的。

　　英國的一位伯爵說得很對：「這些認為自己沒有時間做運動的人，遲早會有時間生病。」美國的哲學家梭羅（D. H. Thoreau），也很有趣地描述運動的心得，他說：「當我的雙腿開始運動的時候，我的意念也隨之而動」，這與練習中國養生太

極拳時的「意動形隨」意境很相似。

近年來美國普林斯頓大學醫學專家雅各博士（Dr. Barry Jacobs）研究發現，重複運動身體某些肌肉群，不但可以增加腦神經荷爾蒙血清素和腦內啡的分泌，而且還能夠增強與維持它對腦皮質的長久作用。他發現即使是嚼口香糖和織毛線衣等簡單重複的動作，也可以增加血清素和腦內啡的分泌。血清素和腦內啡的功能是消除緊張、壓力與痛覺，使人放鬆身心，感覺快樂、舒暢、平靜與安寧，促進良好睡眠等。

這也就是中國傳統的養生太極拳和動氣功，能夠促進與保持身心健康的原因。這些養生保健運動，不但可以增強內在精神力量，而且還能促進胃腸蠕動，幫助吸收與消化，加強淋巴系統排毒功能。淋巴系統的排毒功能，對維持身體健康有很重要的作用。我們知道，體內的血液循環需要依靠心臟的收縮作用幫助，才能促使血液循環全身。而淋巴系統則無收縮作用的幫助，淋巴液要循環的唯一方法，就是依靠肌肉收縮與放鬆的交替作用。運動小腿肌肉是促進淋巴液循環最好的方法，調息養生保健氣功和養生太極拳對小腿運動有很大的幫助。

現代運動生理學家研究指出，經常運動和控制體重的人，可以增長壽命，特別對於45～70歲以上的人更加有益。研究結果發現，經常運動和控制體重的人，比不運動及不控制體重的人，其死亡率減少3～4倍。根據美國麻薩諸塞州政府經過25年對五千多人所做的長期健康調查報告指出，久坐而缺乏運動的人，其心臟病發生率比經常做運動的人多出5倍以上。運動能夠減少心臟病、促進長壽的原因是：

1.經常運動可以促進身體健康，降低並保持正常血壓，降低

血液膽固醇密度脂蛋白，增加高密度脂蛋白，以及減少冠心疾病
發生。

　　2.經常運動而身體健康的人，儲存有足夠的能量，可以應付
生病之需要。

何種運動最適宜？

　　一般來說，運動的種類可分為：（1）增強肌肉強度性運
動，如舉重、舉啞鈴及拉彈簧等。（2）增強心肌或身體耐力性
運動，如跑步、游泳、體操等有氧運動。（3）身體平衡性運
動，如太極拳、瑜伽、舞蹈等。（4）增強身體彈性運動，如手
足關節伸縮運動、動氣功等。任何的運動，包括跑步、快步走
路、游泳、騎腳踏車、健身操，以及中國的養生太極拳和動靜氣
功，舞蹈或其他能夠增強呼吸、具有韻律性的運動等都適合。不
過，你必須記取「有恆為成功之本」的話，經常而定期的運動，
才能夠有效解除人的精神緊張與壓力，促進身心健康。在此必須
提醒你注意，如果你已超過35歲而平時很少運動，開始時不宜做
激烈的運動，你應該先去看醫生做身體健康檢查後，才開始你的
運動計畫。

運動多久最適合？運動量多大最好？

　　運動多久時間最適合？根據專家的建議，一般來說，每天做
30~40分鐘的運動，就可以達到健身與消除壓力的目的。運動量
多大最好？運動量與心臟跳動率有關，運動的強度必須足夠使你
流汗，以及達到每分鐘最大心跳率的60~80%最好。你可以用下
面的簡單公式，來計算出你每分鐘最大的心跳率：即以220減去

你的年齡，再乘以60～80％。譬如你是40歲，你每分鐘的最大心跳率就是220－40＝180，你不可以運動達到這樣的心跳率，可能會出現危險。你的運動量要乘以60～80％，使你每分鐘的心跳達到108～144次。如果你在運動時沒有時間計算心跳率，一個很簡單的方法可以幫助你知道是否適合，即以運動時剛好能自然地說話出來爲指標。如果你不能自然地說出話來，那表示運動強度可能太大了。此外，注意運動之後，身體必須放鬆與寧靜，這也是很重要的部分。當運動完畢之後，你必須伸直身體四肢，放鬆身體，鬆弛肌肉，以避免血液停滯四肢，產生肌肉痠痛的現象。

怎樣才算是經常運動呢？一般來說，如果以健身爲目的，每星期最少要運動三次，或隔天運動。如果爲了消除壓力，根據專家的建議，則每星期最少要運動超過三次以上較好。

什麼時候運動最適宜？

什麼時候運動最適宜？很多人都會問這個問題，通常以適合你個人的時間和需要爲依據。看看你自己一天之中，什麼時候壓力最大，如果大部分的壓力發生在工作的時間，那你最好能在早晨太陽初升的時候運動；地點當然以公園、山崗、樹林或大海之濱爲佳，因爲晨曦時空氣清新，運動使你頭腦清楚，刺激腦神經荷爾蒙，如腦內啡、體內嗎啡和血清素的分泌，使你有效的應付壓力與解決問題，並保持心情舒暢。在另一方面，如果你一天的工作情緒都不錯，但大部分壓力是在黃昏、回家之後發生，那你就需要在黃昏運動了。如果你因爲壓力而失眠的話，不妨在睡覺前一小時運動，可以幫助你進入良好的睡眠。

不運動的種種理由

　　澳洲有一幅漫畫，有趣地諷刺不做運動的人。漫畫的內容是這樣的：一位太太焦急地問坐在客廳沙發裡聚精會神看電視的先生：「天氣這樣陰暗，請你出去看看外面是否下雨？我洗好了衣服要拿出去晒。」先生沒有回答，仍然繼續看著電視。一會兒，太太很生氣的大聲問：「到底外面有沒有下雨？」這時候先生才回答說：「沒有下雨！」「你怎麼知道沒有下雨呢？」太太反問。先生很自信地回答：「因為我剛才放了咱家的小狗出去，牠回來毛髮沒有溼。」這位先生連站起來走到窗口都懶。

　　的確，現代人的生活方式令人失望，白天開車上班後，整天就坐在辦公室裡，下班回家吃飯後，再坐在軟綿綿的沙發裡，以遙控器來開電視機，享受歡樂的節目或者看報紙，養成了久坐不動的生活方式。如果你是其中之一，你應該明白運動能夠使你獲得恆靜與舒暢的心境、健康的身體以及生命的潛力。

　　在這裡我要特別提醒各位，不要仗著金錢萬能或臨時抱佛腳的心理，當身體有了毛病之後，才想到要運動。從古至今的長壽者都在未老之前即開始鍛鍊身體。要知道人每分鐘都在變化，如果你不能好好調適與運動的話，轉瞬之間，即會趨向憔悴老化。

　　如果你說：「我年紀大了，不適合做運動」，那請你看看前面指出的老人運動的好處。有些人認為自己整天都勞勞碌碌，已經是運動了。運動與勞動有別，勞動只動你身體的某個部位，容易引起體力疲勞，而運動則動你的整個身體，能平衡與舒暢身心。

　　你如何能夠持之以恆，每天都做30～40分鐘的運動呢？首

先，要有很大的毅力、決心與動機。其次，選擇適合你需要與體力的運動項目。什麼原因使你放棄運動呢？根據運動醫學研究證實，大部分人不能持之以恆運動的理由是：我沒有時間、我太疲勞了、沒有地方做運動、我不知道做什麼運動適合、我缺乏力氣⋯⋯等。如果你沒有時間運動，運動生理學家建議我們，只要隔天運動一次（30～40分鐘）即可，你怎麼會沒有時間呢？請小心留意與思考前面那位英國爵士所說的話。如果不運動，與經常運動的人比較，你會很容易生病的。

　　但是你也不必過於擔心沒有時間運動的問題。事實上，運動的時間是可以找出來的。如果能堅持經常性的運動，你不但會覺得身心舒暢，而且還能夠應付日常生活中所面臨的問題。因為運動使你的頭腦清楚、思考敏捷、靈感與創意活躍、工作效率加快、促進工作計畫的完成等。時間，只是做事情的優先順序而已。人們經常享受著他們該做的事情，甚至忙碌的美國總統也能夠抽出時間運動，因為他知道運動的重要性。如果你不去找時間，你當然沒有時間運動。不論如何忙碌，你可能也會做其他喜歡的事情，譬如逛街、拜訪朋友、聊天、買東西、看電視、閱讀書報或看電影等。那為什麼抽不出一點時間做運動呢？

　　至於你說：「我太疲勞了。」事實上，疲勞經常是心理（精神）方面的因素多於身體的因素。甚至當身體真的疲勞時，運動也可以促進與增加你的能量。前文提到的夫瑞斯博士發現，堅持經常運動的60～70歲男女，身體能量與健康的程度相當於30～40歲不常運動的男女。當他詢問這些經常運動的老人，運動對他們最大的益處是什麼？大部分人都回答：運動大大增加他們的身體能量。你不妨自己做這樣的實驗：運動一個星期，然後停止運動

一個星期，對比一下身心狀況，你會發現感覺截然不同。

還有，你說缺乏毅力堅持運動，這也不是事實。缺乏毅力事實上只是一種忽視運動的理由而已，也跟你不想去做其他事情的理由一樣。請你再細讀一下前面的分析，看看是否能找出自己的問題。

如果你真的感覺到很累，或沒有時間去做運動，這裡提供你兩個方法，不論你有任何的困難或理由，都可以幫助你堅持經常的運動：

1.你要確定與按照自己計畫安排好的時間表運動，而不是有空閒的時候才想到運動。你要有決心告訴自己：「這是我的時間，不要讓任何事情妨礙我經常運動。」那麼運動就會成為你日常事情的一部分了。任何日常的事情都能很容易的執行。在一生中，你不是有很多日常的事情會自動去做，而不需要任何思考嗎？例如刷牙或準備早餐等。同樣的理由，運動如果成為日常事情之後，你就會自動去做了。

2.你要把運動當做一件有趣的事情來做，如果你覺得自己一個人運動很無聊，你可以跟朋友一起運動，並互相交流經驗與心得。

正確呼吸：生命的能量

提起正確的呼吸方法，很多人會聯想起中國的氣功。有關於氣功問題的詳細說明，請參考馬濟人編著的《中國氣功學》，這是一本介紹氣功的書，相當有系統性及科學性。

也許很多人會說，天下再沒有什麼比呼吸更容易、更自然的

事了。事實上，很多人的呼吸都不大符合生理要求，呼吸量也都不夠。生理學家指出，呼吸方法很明顯地影響著我們的身心健康。

一般來說，我們每天的呼吸都過於短促和淺薄。我們大部分時間是用胸部擴張來呼吸（即胸部呼吸）。但成人的胸部和肋骨擴張的能力有限，吸氣量受到一定程度的限制。遺憾的是，我們從小就被教導挺胸縮腹呼吸，軍隊中更強調如此。這種呼吸方式也許好看，但對於生命的能量和身心的放鬆好處不大。

一般人用胸部呼吸（或稱自然呼吸），僅能用上1/2的肺活量。如果你能運用腹部深長呼吸，至少可以用上3/4以上的肺活量。正常成年人最大的肺容量：男5.8公升、女4.2公升。成年人每分鐘呼吸10～20次（平均15次）。每次正常呼吸可吸入500毫升左右的空氣，每分鐘可吸入約7.5公升的空氣。

如果經過訓練，每分鐘最大吸氣量可增加20～25倍，即高達150～170公升。人腦每分鐘需要氧氣量50毫升，約占全部身體重量需氧量的1/4。但人腦的重量僅占身體重量的2％左右，約3～3.5磅重而已。運動時，人體需氧量則大大增加，可高達20倍之多，可見呼吸對生命十分重要。

腦部每分鐘所需血液量是身體的30％，新鮮帶氧的血液必須不斷的供應給腦部，我們才能夠維持思考、分析和靈感活動，如果停止供血約6～7秒鐘的話，人就會昏迷而不省人事。人腦必須一天24小時，長年累月的不停活動來維持我們身體的所有機能，包括循環、消化、呼吸、生殖、內分泌、五官感覺、記憶、思考、分析、判斷、決定、想像以及情緒感應等。所以腦不能停止活動，甚至0.001秒也不能停止，直到死亡為止。

　　生理和神經學家研究指出，深長而緩慢的腹部呼吸韻律，可以使人的身心深度放鬆，腦波降低進入 α 和 θ 波形（即潛意識狀態），降低體內器官的活動和新陳代謝率，緩和心跳，降低血壓，使身心達到深度平靜和安寧的境界。呼吸鍛鍊對自主神經系統的機能有其一定的調節作用。

　　自主神經系統分為交感神經和副交感神經，兩者處於不斷相互對立、相互協調、相互依存的關係，從而使人體的內部器官能夠維持正常功能。當交感神經相對增強時，就出現心率加快、血管收縮、血壓增高、胃腸蠕動減弱等現象。當副交感神經相對增強時，就出現心率緩慢、血管放鬆、血壓降低、胃腸蠕動增強等現象。呼氣中樞興奮增強時，可擴散到副交感神經中樞；吸氣呼氣中樞興奮增強時，可擴散到交感神經中樞。深長而緩慢的呼吸，可以減少焦慮與恐慌的情緒，雖然運用傳統藥物可以控制焦慮與恐懼的襲擊，但經常都會產生副作用及成癮性。

　　情緒與呼吸的關係，在《黃帝內經・素問》舉痛論裡也有說明：「怒則氣上，喜則氣緩，悲則氣消，恐則氣下，……驚則氣亂，……思則氣結。」這就是發怒時呼吸急迫，或突然受驚時呼吸會出現片刻停閉等現象。因此，當一個人能夠做深長緩慢而具有韻律的呼吸時，是很難出現焦慮與恐懼情緒的。

　　經常練習腹部呼吸（即橫膈膜呼吸），可以使橫膈膜上下移動1.5～9公分，而橫膈膜上下移動1公分，可以增加肺通氣量350～500毫升。因此，可以用上大部分或整個肺部呼吸，大大地增加肺活量，加強肺功能，促進肺循環系統作用，增加血液含氧量，使腦部供氧充足，提高中樞神經系統功能，並且消除疲勞，調適壓力，活躍創造力和靈感等，尤其當心神閉塞的時候。

同時，由於橫膈膜的上下移動，可以加強腹部肌肉的收縮能力，按摩腹腔內部的各種器官，加強胃腸蠕動作用，促進食物消化和營養吸收能力，促進與增強身體健康。中國的氣功所以能對身體健康有良好的作用，就是這個緣故。

現代醫學證實，80歲而不會運用腹部呼吸的老人，每分鐘的吸氣量不超過一公升，但經過訓練而會運用腹部呼吸的同齡老人，每分鐘吸氣量會多出4～6倍。換句話說，會運用腹部呼吸的80歲老人的氧氣儲存量，比不會運用腹部呼吸的同齡老人超過4～6倍之多。這對於保存生命能量是非常重要的一環，因為老人需要靠呼吸所儲備的能量，來保持生命的活動機能。

腹部呼吸，可以在任何時候、任何地點做。例如：（1）在睡覺前和早晨起床之後。（2）等候公共汽車或人的時候。（3）當交通阻塞使你焦急緊張，脈搏加速和血壓上升的時候。（4）不論在任何狀況下，當你需要頭腦冷靜的時候。（5）不論任何事情使你產生壓力的時候。（6）當面對困難，或緊張、恐懼與情緒不佳的時候，深長而緩慢的腹部呼吸，都可以有效的消除緊張與壓力。

腹部呼吸的方法

下面列舉三種練習腹部呼吸的方法，你可以選擇適合自己的一種來經常練習。

1.想像方法：想像你的腹腔內安裝了一個氣球，當你開始做深長緩慢的吸氣時，同時想像腹腔內的氣球也慢慢的充滿空氣，而使腹部向外膨脹，直到吸盡氣時，即閉住氣（心裡數兩下）。

然後，把氣慢慢的呼出去，想像腹腔內的氣球也慢慢的縮小，腹部往內收，當呼盡氣時，即閉住氣（心裡數兩下）。這樣循環不斷的重複呼吸下去，生命的能量就不停的進入體內。你知道為什麼要閉氣嗎？因為氧氣和二氧化碳在肺泡裡交換需要時間，這樣才可以順利地將氧氣吸進來，把二氧化碳呼出去。這就是呼吸（或練氣功）時不能太快與過急的原因，否則會引起換氣過度的症狀，出現暈眩與頭痛的現象。

　　古人說得對：「使氣則竭，幷氣則傷」，使氣是拖長呼吸，硬要求深長；幷氣是摒住呼吸，硬要求勻少。這樣反而會出現呼吸短促急迫，或胸腹肌幷傷作痛的不良反應。

　　2.內心數「數」：以肚臍為起點，當開始吸氣的時候，讓腹部向外膨脹，深長而緩慢的吸入空氣，同時心裡數「1，2，3，4」，一直到吸盡氣時，即閉住氣，心裡接著數「5，6」，以便氧氣和二氧化碳在肺泡裡交換。然後，腹部往內收縮，慢慢的把氣呼出去，同時心裡數「1，2，3，4」，當呼氣到盡時，即閉住氣，心裡接著數「5，6」，使二氧化碳呼出去。這樣循環不斷的重複呼吸下去。這種內心數「數」的呼吸方式，相當於道家默念六字真言的周天靜坐呼吸法，或佛家默念《觀音真經》前六個字的呼吸法。這對於練習過道家或佛家氣功的人，很容易理解與應用。

　　3.躺在床上練習：身體仰臥在床上，在腹部放置一個有重量的枕頭，吸氣時，讓腹部膨脹把枕頭頂起；呼氣時，腹部收縮讓枕頭沈下。這樣循環不斷的重複呼吸下去。

　　古代中國的醫家和養生家，對於呼吸的鍛鍊非常的重視。在馬濟人編著的《中國氣功學》一書裡指出，在《內經·素問》異

法方宜論中所提到的導引治病，不僅是運動，也是呼吸鍛鍊的方法。

何謂導引？不同醫家有不同的解釋。根據清朝張志聰注說：「導引者，擎手而引欠也」，引是吸氣，欠是張口呼氣，擎是雙手高舉。唐代王冰注說：「導引，謂搖筋骨動肢節」，這就是指運動。前面曾提過，道家老子和莊子在其著作中，都提到腹部呼吸的方法，如《道德經》書中的「虛其心，實其腹」，「綿綿若存，用之不勤」，「專氣至柔能嬰兒乎」等，所指的就是腹部呼吸。平常人呼吸每分鐘16～20次，平均18次。練功日久者，每分鐘可達3～4次，甚至1～2次而仍然自然舒暢。這功夫是積累而成！

據《中國氣功學》指出，傳說彭祖是殷商時代的人，享壽八百歲。是否真如此長命難以查考，不過古代常以他為長壽代表人物（相當於聖經所記載的史前亞當930歲一樣長壽）。在《史記‧留侯世家說》著名的兩位長壽仙人王子喬和赤松子，他們能夠長壽就是善於運用呼吸方法的結果。東漢王充在《論衡‧自紀篇》中，敘述自己在年近七十歲時能夠「養氣自守」，故能活到90歲。《後漢書‧王真傳》中記載，「王真年且百歲，視之面有光澤，似五十者，能行胎息，胎食之方。」胎息，即似嬰兒般以腹部呼吸。

據唐朝孫思邈的《備急千金要方》，記述當大臣皇隆甫與魏武帝曹操論述有關古代氣功時，「隆上疏對曰：臣常聞道人蒯京，已年一百七十八，而甚丁壯。」這是道人蒯京因為善於「呼吸吐納，服食養身」的結果。清代兩位著名醫家葉天士和吳鞠通，都善於運用呼吸法（包括動靜氣功）來強筋壯骨，舒通血

脈，延年益壽。兩人雖年近九十高齡，仍然精神抖擻，身體強壯，健步如飛，不知疲倦。清代醫家趙晴初在《存存齋醫話》中特別指出呼吸的好處，「息調則心定，心定則息調」。

在這裡應該指出，因為古人不懂人體解剖生理學和橫膈膜結構，所以練習呼吸時常以中醫經絡學說為依據。中醫家認為，經絡是佈滿人體的氣血通道，發源於臟腑，佈流於四肢百骸。練習氣功時，要氣沉丹田，就是指深長而緩慢呼吸，將清新的空氣由肺部下達至丹田位置（丹田，相當於氣海穴附近，約肚臍下一寸半到三寸之間）。中醫與氣功師都認為，如果能運氣到達丹田，則可轉達五臟六腑、十二經脈和十五經絡，百脈皆通，促使氣血運行全身，疏通經絡，以達健身之作用。

所謂氣沉丹田，就是吸氣通過鼻孔後，以意識（想像）感覺「氣」直升到頭頂的百會穴，然後由百會穴下經穴道如印堂、人中、膻中、中脘而直達丹田。再由丹田下會陰，過尾閭、長強、陽關、命門等穴道，沿脊椎而上升至風府、百會，再由百會而下至丹田，連通任督二脈，即道家氣功的所謂小周天過三關（上中下丹田）的方法，也稱為內丹功。

道家的大周天則從小周天起，使氣下灌涌泉後再回升，經督脈過百會而沿任脈下達丹田，奇經八脈全通達。這套功法，總稱為「內丹術」，是道家氣功理論與實踐的根據。有人把它視為極其神秘奧妙的不傳真訣，並誇為無上之法寶。事實上依據生理學原理，人吸入的空氣只能到達肺部，而不能到達肺部以外的部位。人所以覺得「氣」能通行全身，是一種意念感覺或想像力的作用結果。不過，這種作用結果的確對人體健康具有一定的作用，可以刺激交感神經系統功能興奮，引起身體特定部位充血，

體溫升高，促進與增強血液循環。這就是長期練習氣功的人，能夠感覺到「氣血」疏通全身的原因。

　　還有，古人缺乏心理學知識，不能以科學的觀點說明意識、認知與感覺發生的原因，在練習內丹術中的大小周天靜坐呼吸法過程中，有些人會出現飄飄然的夢幻感覺，卻誤認為可以成仙上天了。現在，腦神經學家告訴我們，人在深慢呼吸與鬆靜的過程中，腦波會進入 α 和 θ 波形，使人的意識形態改變，從醒意識進入完全潛意識的自我催眠狀態。這時候，右腦的想像力會增強，能感覺到宇宙間訊息的波動，甚至還會看見影像，感覺到身體變輕，出現飄飄然的感覺，猶如進入迷幻夢境。這是幻覺或妄想的現象，並非可以成仙上天的徵兆。

　　至於閉眼狀態下出現光芒的感覺，也並非「爐中起火」，「練功」達爐火純青之境界。這也是幻覺或妄想的現象而已。在這裡要特別指出，精神分裂、酒精中毒或迷幻藥刺激等，也會使人產生幻覺、幻聽或妄想的現象。但精神分裂所產生的幻覺幻聽妄想現象，科學家證實是因為腦內荷爾蒙或神經傳導化學物質多巴胺釋放過多所引起的。雖然它與正常意識所看見的影像或想像力類似，但不完全相同，它是腦內神經傳導障礙或藥物刺激所引起的腦失控的現象，並非真正的影像。

　　自古以來，氣功雖是傳統醫學的保健措施之一，但以文字描述之練功方法艱深難懂，文奇義奧，甚至虛玄迷惑，怪異邪秘，古今醫家真正能夠理解而堅持練習者不多。有些人認為氣功神秘不可思議，也有醫家視氣功為簡單的方技而不屑為之。因為，國人在談論氣功時往往會帶上哲理，呼吸之間也往往要配合預定的「標準」，切忌「走火入魔」。其實練氣功中的「火」，是指練

功時用意，用意來掌握呼吸，就是火候。走火，是指用強烈的意念，急重的呼吸而形成的偏差。出現「輕則氣沖胸腹脹痛，頭脹痛，內氣亂竄，或外動不已」，甚至狂躁的現象。

事實上，古代氣功師不明白人體呼吸生理機能，不知道氧氣和二氧化碳在肺泡裡交換的原理，以及兩者在血液中的壓力比例關係（氧氣壓力 p70～110mmHg，二氧化碳壓力 p35～45 mmHg），如果兩者交換速度太快，致使比例失衡而造成換氣過度症狀。這就是所謂的「內氣不止，外動不已」的現象。

所以，氣功練習時特別強調練吸氣，吸氣後停閉，以「受納天氣」，即氣功中的閉氣法。也就是「使氣則竭，幷氣則傷」的道理。故《類經》說：「凡調氣之初，務要體安和，無與意氣爭，若不安和且止，侯和乃爲之」。

前面曾經指出，中國的氣功經過幾千年獨特的中國文化的薰陶和運用，已經融入佛家、道家和儒家的哲理之中了。以現代醫學觀點看氣功，它相當於現代醫學的催眠啓示療法，也相當於現代醫學所提倡的身體與精神醫學。因此，氣功可以說是具有中國特色的一種醫學催眠療法以及身體與精神醫學，值得去整理、研究與發揚，通過臨床實驗，爲促進與增強人類健康做出貢獻。

充足的休息與深度睡眠

腦力的復原更新及疾病的療癒康復

人的一生，1/3的時間都用在睡覺上面。我們都是晚上睡覺，早上起來，從我們來到這個世界開始，直到離開這個世界爲止。這是自然給我們人類的恩賜。人爲什麼要睡覺呢？足夠的睡

眠，可以使人的身心和頭腦思維活動復原與更新。小孩子睡覺可以促進生長，因為生長荷爾蒙在睡覺時分泌增加。睡覺並非人類特有的需要，所有動物都需要睡覺，只是需要睡覺的時間不同而已，例如象一天只睡2小時，馬驢睡3小時，人睡8小時，天竺鼠睡9.5小時，老鼠睡12.5小時，兔睡13小時，猿猴睡14小時，貓睡15小時，樹鼠睡18小時（圖6.1）。

　　睡覺是生物生存的條件之一。地球每24小時自轉一次，幾乎一半時間是白天或黑夜，人類生存在地球上已超過一百萬年，電燈的發明只有幾百年時間而已。原始人類在黑夜裡隨時都會面臨猛獸襲擊，生命危在旦夕，晚上必須選擇安全的地方，如穴居在岩石山洞裡，閉住眼睛睡覺，以恢復體力和能量。這也是所有生物的特性之一，形成了生理時鐘，即每24小時就要睡覺一次。不僅動物需要睡覺，植物晚上也需要休息，科學家實驗證實植物夜裡也睡覺，即把一棵在晚上閉住葉子的植物，在白天的時間放置在暗室裡，不讓任何光線透入，猶如夜裡的環境一樣，但這植物卻能夠感應到是在白天，所以葉子沒有閉起來。

　　如果人的休息與睡眠不足，就會出現睡眠毛病。睡眠的毛病有以下幾種：（1）過度睡眠：即睡覺的時間延長，如下丘腦有病變，或心理人格病變的人等。（2）失眠：焦慮與憂鬱的病人經常會失眠，或半夜2～3點鐘醒來之後，再不能入眠，甚至有時通宵難眠。（3）昏睡：突然間進入昏睡狀態，不易覺醒，多由於情緒性或下丘腦病變所引起。（4）睡眠規律逆轉：即在白天睡覺，而夜間清醒。（5）睡眠剝奪：如果剝奪睡眠在36小時以上者，往往會引起幻覺和妄想痴呆神態《聯合報》2002年12月25日報導，台中市一名40多歲的男子，長期睡眠障礙，半年前在一

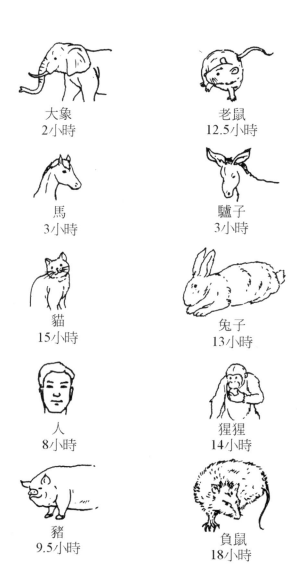

圖6.1哺乳動物每天平均睡眠時間

次睡眠中，夢見一群「小鬼」爬上他的左手臂，他驚嚇過度，竟自己揮刀斷其左臂。經睡眠專家測驗的結果，發現他在8小時中呼吸中斷500多次，腦部缺氧，導致自律神經系統失調，精神恍惚、產生幻覺，分不清現實與夢境，使隨意肌肉失控。

腦波與睡眠

前面曾經指出，現代腦神經學家應用先進的腦神經掃描技術，對腦部結構深入研究發現，人腦中樞具有$10^{12} \sim 10^{15}$個神經細胞，這些神經細胞每小時能夠傳導腦電波400公里。腦電波是腦神經所放出、具有周期性的電流，利用腦電描記儀器（EEG）可以測出腦波有以下四種形態：β、α、θ和δ波形。

1. β波形（每秒頻率約13～24）：是人在覺醒時，頭腦做思考、邏輯分析和感知以及決定行動的狀態。我們每天有16小時處在這個狀態中。壓力就是在這個狀態所產生的意識感應。

2. α波形（每秒頻率約7～12）：這是人閉目養神或做白日夢時的狀態，也是身心放鬆的初步階段。在這個階段，人的精神高度集中，潛意識之門能夠打開85％，可以有效的進入自己的內心深處世界。

3. θ波形（每秒頻率約4～6）：這是身心深度放鬆或進入催眠時或深睡前的腦波形。這也是靈感湧現與創造發明的境界。作家、藝術家和音樂家就是在這個狀態下，寫出、畫出和譜出優美動人的作品；發明家也在此時做出貢獻人類的創造與發明。

在這個階段，我們進入 REM 睡眠狀態（快速動眼期，Rapid Eye Movement Sleep）以及做夢。同時，我們的潛意識對啟示具有高度接受性，許多癌症生存者，如果能夠導入這個狀

態，給予適當的治療啓示，可以激發出強大的內在潛力與堅強的求生意志，使癌症得以控制或消除，從而恢復健康。癌症病人的這種自然康復現象，醫學界稱爲自然消除。事實證明，病人的康復過程就是在 θ 腦波狀態時達到的。現在科學家已開始重視這種自然康復現象，不斷地從精神和身體醫學以及心理神經免疫學領域，研究和探討這種自然療癒的過程。

4. δ 波形（每秒頻率約0.5～3）：是進入深度睡眠的狀態，也是頭腦深度休息、復原和更新療癒康復必需的階段。這就是爲什麼我們生病時，需要充足睡眠的原因。在這個階段，人沒有做夢，頭腦也不接受任何啓示。我們每晚睡覺都必須進入這個深度睡眠階段。

我們每天睡覺，都必須經過 REM 與 NREM（非快速動眼期，Non Rapid Eye Movements）的睡眠狀態。1953年，芝加哥大學教授克萊門（Natheniel Kleitman）和他的研究生戴門（William Demant，後來擔任史丹佛大學教授，爲世界睡眠學權威）共同研究，他們應用非常敏感的儀器，測量人在睡眠時眼球轉動的情形，發現人在做夢時，眼球在閉住的眼皮下面做快速的前後轉動，並同時記錄下人腦的 θ 波形，因此證實 REM 睡眠與做夢有關。

REM 睡眠與做夢之間的關聯，對我們很重要。因爲在 REM 睡眠狀態下，不論我們身體如何的緊張，身體的肌肉都呈現完全放鬆狀態，這就是身體疲勞能夠恢復的原因。睡眠時，身體肌肉鬆弛很重要，它保護我們做夢時，身體不會做出相應的行動反應，否則所有夢中的喜怒哀樂情緒，都會用行動表現出來。睡眠研究報告指出，有些人在做夢時，往往表現出強而有力的靈

活性，或無意識的毆打睡在身旁的人，或因恐懼而擊破玻璃窗逃跑，這樣不但會傷害自己，也會傷害枕邊人。幸運的是大多數人在做夢時，都具有天生的保護機能，即隨意肌不能動作，使我們不會做出越軌的行動。不然當我們睡覺時，每個人都必須把手腳綁在床上，以防止半夜做惡夢起來奔跑或破壞室內東西等。

做夢可以使我們的潛意識得到快樂和滿足。在人生的過程中，快樂和滿足不一定要實際達到旅途的終點，有時只在做夢中，向著人生旅途的目標前進就滿足了。在夢中我們還能夠發現自己的潛意識，譬如你做一連串有反抗社會情緒的「壞夢」，表示你可能有破壞性傾向。如果你在夢裡經常重複早年的生活情景，表示你太緬懷過去，將會影響你對現在的看法和將來的展望。如果你多年經常重複同一個夢，表示你內心根植很深的衝突。如果你常常做夢跌落深淵，表示你具有迷惑墮落的脈動。你經常重複做夢處於危險或恐懼的情景，表示你過去的生命實際上曾經遭受過威脅、意外或嚴重疾病等。士兵經常在戰後很久時間，還會夢見戰場上戰鬥的情景。

如何得到足夠的睡眠？

在白天，你辛苦的工作了一段很長的時間；到晚上，你則需要一個很舒服而寧靜的睡眠。躺在床上，閉上你的眼睛，心想要很快的進入睡眠，但你不能，因為腦海裡翻騰著尚未完成的工作項目，要呈給上級的報告書只剩下三天時限了。這時候你越努力強迫自己睡覺，就越難入眠。一個思潮在腦裡湧起尚未消失之前，另一個想法又出現了。時間一分鐘一小時的過去，你焦急地看著時鐘，「啊，已經是夜裡一點半了，我晚上七點鐘就上床

了，現在仍然不能入睡。怎麼辦呢？」這時你知道今晚將不得安眠了，於是開始擔心明天不能精神飽滿的去工作。時間又不知不覺的消失了，「哎，現在將近三點了，即使我在五分鐘後入睡，也只能睡三個小時了。我不可能只睡三個時就足夠的。」當你繼續擔心的時候，你的腎上腺素就會大量分泌，促使你更加清醒及精神亢奮，又這樣溜走了一晚的睡眠。如此夜復一夜，你發生了睡眠困難的問題，受到失眠的痛苦煎熬。

　　怎麼辦呢？也許，你會先靠安眠藥，這可以暫時幫助你消除一兩夜的失眠。但早晨起來後，你並不一定會覺得舒服，甚至還會出現如酒醉後的昏重感覺。舒適和安寧的睡眠是人類的慾望，長期服用安眠藥會引起副作用，使 REM 的睡眠階段受到抑制，其害處大大的超過益處，而且還會產生對安眠藥物的成癮性。

　　現在告訴你一個簡單而有效促進睡眠的方法：即放鬆身心。如何放鬆身心呢？以下將會詳盡說明。在這裡首先告訴你初步練習頭腦安靜的方法，頭腦安靜了，身心也就會自然的放鬆了。請你選擇略感不舒服的環境，如坐在硬板凳上，或躺在硬地板上，如果必要可用硬書本當枕頭，避免用軟枕頭或軟墊，這樣可以使你身體略感不舒服，但又不能太難過，否則會引起痛覺而影響頭腦安靜。然後閉上眼睛做10次深長而緩慢的呼吸，讓你的身心盡量放鬆，很快身體的不舒服感就會消失。這個時候你並不是睡著了，只是進入鬆靜與安寧狀態。當然，你要進入這樣的境界，必須練習數次以後才能達到。當你的頭腦學會了鬆靜的藝術後，你就能夠很容易的用它來幫助睡眠了。現在你可以開始在睡床上練習了，當你進入鬆靜與安寧狀態的時候，轉向平時最舒服而自然的睡姿，你就會立刻入睡了。就是如此的簡單！

發揮豐富想像力

智能潛能的激發及靈感希望的源泉

很多人認為自己的想像力很差或缺乏想像力，或沒有視覺化能力。這並不是事實，正如我們身體的四肢一樣，只是由於少用變弱而已。只有生下來就瞎眼的人，才沒有能力去看清楚，也沒有視覺化的能力。任何能夠看見的人或甚至後天性盲人，對事物都有形像化的能力。有人問美國著名盲眼女作家海倫‧凱勒，人生的最大悲哀是什麼，她立刻回答：「人有視覺而沒有想像力。」前面曾說過，我們每一個人都具有想像的能力，才子佳人有他們的想像力，凡夫俗子也有他們的想像力，只是程度不同而已。想像力決定於我們的人生經驗和生活環境，只是有的人想像力比較豐富，有的人想像力比較差而已。

現在，請你閉上眼睛，測驗一下你是否具有想像力或視覺化能力？請你閉上眼睛，在頭腦裡想像一朵玫瑰花一分鐘，看看你想像的結果如何？我想，也許有些人能夠視覺化出來一朵玫瑰花的樣子；有些人卻聞到玫瑰花的芳香，但看不見它的樣子；有些人會想像出玫瑰花的顏色，正在含苞待放或盛開的形狀；有些人甚至感覺到玫瑰枝上的刺，或蝴蝶和蜜蜂在花瓣上飛舞的情景；有些人只能在概念中，理性的知道那是一朵玫瑰花而已，既看不到，也不能感覺到或聞到它。甚至有些人頭腦裡呈現一片空白，什麼也想像不出來。

你腦中所想像的玫瑰花是怎樣的呢？當你想像玫瑰花時，如果內心突然湧起快樂或悲傷的情緒，不要壓抑住它，讓它盡情的

發洩出來。在一次講座中，有一位女士在練習想像玫瑰花的時候，突然很傷心的痛哭起來！問明原因之後，才知道當她初戀時，男朋友經常送玫瑰花給她，兩人的感情非常好，正當談論結婚的時候，男朋友不幸的發生車禍死亡，致使她極度悲痛。因此，當她想像玫瑰花時，就不禁悲痛傷心起來。

如何練習想像力

下面幾種練習想像力和視覺化能力的方法，可以幫助你由淺到深、由簡到繁的練習，以增強你的想像力和視覺化能力：

1.注視一個簡單的幾何圖形：例如方形、圓形和三角形，或選擇日常生活用品，如花瓶、茶壺和檯燈等。首先觀看幾分鐘，不要只理性地想「那只是一個花瓶或茶壺而已」。你要詳細的觀察它，注意它的外表形狀、顏色和把手等，然後閉上眼睛，心裡試想著它，同時腦裡具象它，看它就像你張開眼睛時一樣。如果你覺得有困難，就張開眼睛再看清楚，再閉上眼睛想像，然後再想像畫上各種不同色彩的樣子。

2.當你能夠想像或形像化單一的物件後，再去想像或形像化一組物件，例如放在一起的香蕉、蘋果、橙、鳳梨、梨等。詳細的看清楚後，再閉上你的眼睛去想像或形像化。

3.想像你小時候的學校教室。

4.形像化你的房間和客廳。

5.想像一個你認識而多年未見面的朋友。

6.想像在鏡子中的你。

7.閉上你的眼睛，做七次深長而緩慢的呼吸，放鬆你的身體。發揮你的想像力，想像你的面前放著一個大黑板，你的手裡

拿著一根粉筆，在黑板上寫一個「1」字。在「1」字的旁邊，再寫「2」字，繼續地寫下去，直到「20」為止。現在，注意有什麼事情發生？是否有些數字完全消失了？或仍然清楚可見？或朦朧不清？你要每天練習5～10分鐘，直到數字越來越清楚為止。

8.閉上你的眼睛，做七次深長而緩慢的呼吸，放鬆你的身體。發揮你的想像力，想像有一個昏暗的電燈泡吊在你的面前。你繼續注視著它，注意它開始變亮，越來越亮，直到光亮耀眼為止。然後，想像它慢慢的開始變暗，越來越暗，直到你看不見光亮。現在，互相交替的想像著光亮和黑暗的感應。

9.閉住你的眼睛，做七次深長而緩慢的呼吸，放鬆你的身體。發揮你的想像力，想像你的手裡握住一個檸檬，你腦裡畫出它的形狀是橢圓形。「看見」它綠色的油滑表皮，包含著豐富的檸檬汁。現在，想像你的另一隻手拿著一把水果刀，把檸檬的表皮切開一塊，檸檬汁流了出來，流到你的手中。你很快地把刀子放下，把檸檬放在你的嘴裡，開始吸著檸檬汁。現在，請你停一下，看看有什麼反應？你流口水嗎？或有酸縮的反應？我想你兩者兼有之。

10.閉上你的眼睛，做七次深長而緩慢的呼吸，放鬆你的身體。發揮你的想像力，想像在一個很熱的夏天黃昏，太陽即將降落在海平面上，你在海灘上散步的情景。你赤腳在沙灘上行走，你可以感覺到細沙夾在你的腳趾之間，以及細沙的熱度。夕陽照射著你的肩膀，你吸著新鮮而帶有鹽味的空氣。現在，你向著海的方向慢慢走過去，站在浪花沖到的沙灘邊緣，讓海水浸溼你的膝蓋，感覺到海水的冰涼，傾聽著海浪的聲音，好像海浪擁抱著你的雙腳。現在，想像著你轉過身來走回岸邊，注意清涼的海風

吹過你潮溼的雙腳，以及你皮膚涼快的感覺。走回到原來你撐著陽傘的地方，坐在陽傘底下的帆布椅子裡，望著那碧波漣漪的大海，一波波的浪花湧向岸邊。你的心情感到非常的平靜和安寧。

11.再進一步的練習抽象想像，想像一個你不久前曾經去過的美好地方，再加以描繪出比它更美好、更迷人的圖景，或者想像一幅平安和寧靜的境界……。我想，每一個人平安與寧靜的境界都不一樣，有人會想到中國山水畫裡面的境界；有人會想到萬重山中的江流，一葉扁舟江渚上的幽靜情景；有人會想到，在早晨坐在海灘旁邊，閉目靜聽著海浪擊拍岩石的聲音，陶醉在大自然中的寧靜。有人會想到深山裡的瀑布，從高入雲霄的懸崖上滾滾瀉下，在懸崖之下有一根樹枝伸出來，躲藏在滾滾瀑布的底下，樹枝上有一隻母鳥安詳的棲息在巢中。這就是平安與寧靜！

在這裡我要特別強調，在練習想像力時，要想像正面有益的事情。當你感覺到焦慮和憂鬱時，就以你自己想像出來的美好而平靜安寧的境界來替代，很快你的心情就會寧靜和平安。前面說過，想像力是指正面的想法，它強而有力，是生命調理的關鍵。

想像力不是錯覺、幻覺或妄想

錯覺和幻覺，是認知混亂的結果。錯覺，是對真實刺激因素或事件的一種錯誤解釋。譬如沙發上有一個靠枕，你看它是一隻貓坐在那裡，或者一根電線桿的陰影誤以為是一個人等，往往會引起驚慌、迷惑與恐懼情緒。焦慮而自覺有罪惡感的人，經常會誤聽到別人在說他的壞話。

幻覺，是對於沒有真實存在的事情或物件，在精神（心理）上出現鮮明的感覺。譬如沙發上沒有任何東西，你看出是一隻貓

坐在那裡，或者你焦急地等待電話時，會幻聽到電話鈴聲響，或妄想自己是耶穌、釋迦牟尼等等。幻覺有以下幾種：

1.幻聽覺：幻聽到音樂、噪音或人聲等。精神分裂（Schizophrenia）和官能性精神病人經常會出現這種現象。Schizophrenia這個字，是與佛洛伊德（Sigmund Freud）同時代的德國精神學家布洛爾（Eugen Bleuler）在1922年所創的，它的意思是精神的功能分裂。在這些人的耳朵裡，有時聲音可能清楚的出現，有時模糊不清，但總覺得有聲音與他說話或命令他，有時他會服從或不理。有些人可能會突然聽到第二者聲音，來自外太空或巫婆等，往往會引起極度驚慌和恐懼，甚至會令人瘋狂與自殺。

2.幻視覺：即看見紅光或綠光閃閃現象，或眼前出現幻視影像或圖景，經常產生極度的恐懼情緒。有時候這些人的記憶非常清楚重複的閃現眼前，如災難發生後的情景等。

3.幻嗅覺：聞到某種味道或氣味，如聞到耶穌、釋迦牟尼等偉人的味道。如精神分裂病人常會聞到毒物害他。

4.幻觸覺：經常覺得有某些東西在體內存在或作怪，或爬蟲在身上爬來爬去等，最典型的例子就是古柯鹼中毒時所出現爬蟲感覺的現象。性幻觸覺也是其中特殊的一種，有些精神分裂的男性，往往幻觸到陰莖勃起和性慾滿足而洩精；精神分裂的女性，往往幻覺到被強姦，或繼續感覺陰莖在陰道裡的快感。

如果任其幻像妄想自由發展下去，就會使人發生精神錯亂，把錯覺或幻覺視為事實的存在，將會產生嚴重的後果。例如，根據大陸報紙報導，華北油田職工馬建民，修練了法輪功兩年左右，就產生精神錯亂現象，以為自己的腹部真有個法輪在旋轉，

1998年9月4日他在家中用剪刀剖腹尋找，結果死亡。嚴重的長期幻覺妄想，會導致精神分裂，使人覺得腦中有另一個聲音在與他說話，或出現親近的人身上附魔的幻影，往往會把他們殺死。據大陸報導，山東新泰市工人王安收痴迷練習法輪功，出現了幻覺妄想現象，導致精神分裂失常，把父親看成「老虎精」，把妻子看成「狐狸精」，在父親勸阻他練功時，拿起扁擔和鐵鍬往父親頭部打了一百多次，活活把父親打死。

　　還有，妄想是指對周圍環境和事物或自己本身的誤信而引起的幻想。例如，有些人經常認為自己身體有病，如患癌症、肺結核、愛滋病等等。澳洲有一位中年男子，以為自己患了愛滋病、即將死亡，就把妻子和兩個幼子殺死，然後自殺未遂，急救後檢查發現並沒有患愛滋病，他的病就是對自己本身誤信而引起的妄想，其病在心理。有些人總以為別人在看他、指點他、說他壞話，或自己認為有罪惡會遭受到處罰等。有些人妄想自己就是某偉人再世，如孔子、釋迦牟尼、耶穌等，甚至模仿他們的穿著或打扮。我們要特別小心，要絕對避免錯覺和幻覺、妄想的產生。

　　古人在練習大小周天靜坐法的過程中，很講究練己的功夫，要排除雜念或惡念。提出應「捏心歸一，專其一處，皆可止念」的話，以防止幻覺和錯覺的產生。尤其修禪之人，切忌幻覺和錯覺，否則將會弄壞身體，使心神飄忽不定。正如禪宗大師釋光宗，在他的著作《解脫學》裡指出，修禪之人「如見滿天神佛，金光萬道，或綠光閃閃，夢遊天堂，魂入地府……如把它當真，隨意流轉，乍驚乍喜，以為修臻爐火純青之境，實在萬分危險」。

　　大師以禪宗學觀點指出什麼是幻覺和錯覺，與現代心理學觀

點相同。他指出必須避免幻覺與錯覺，關於幻覺，他說：「猶如見仙佛來臨，天樂鳴空，毫光四射，香氣四溢，夜聞哭聲，吉凶夢境，一切喜怖境物，無實物作依托者，即使時至事現，也不屑一顧。」錯覺，「猶如見樹為鬼，見繩為蛇，見石為虎，聞敲門以為撞鐘，聽風聲誤為神號等，有實物作依托者，也應予漠然視之。」

中國古代，也有練習想像力的方法，稱之為內視、存想和觀相。內視，是閉目內視體內某一器官，相當於現在所說的視覺化，對於促進治療內臟器官毛病有一定的幫助，如果集中意念於腫瘤部位，視覺化出腫瘤的形狀，想像著腫瘤正在縮小與消失，可以產生自然消除的作用。存想，相當於現在所說的想像力，在唐朝司馬楨的《天隱子》中有專門說明，「存謂存我之神，想謂想我之身，閉目即見自己之目，收心即收自己之心，心與目皆不離我身，不傷我神，則存想之漸也。」觀相，是進一步地發揮想像力，即抽象的高層次想像，在《備急千金要方》中有一段很美妙的、描述高層次想像的話，即「徐徐定心，作禪視之法：閉目存想，想見空中太和元氣……下入毛際，漸漸入頂……透皮下肉，至骨至腦，漸漸下入腹中，四肢五臟……即覺元氣達于氣海……達于涌泉，則覺身體悅澤，面目光輝，鬢毛潤華，耳目精明，令人食美，氣力強健，百病皆去。」這就是抽象想像力所產生的正面效果。

當你練習想像力成功之後，你再也不會說你的想像力很差，或缺乏想像力了。請你不要急著於一夜之間就要練習成功，就像很虛弱的肌肉一樣，需要經常反覆的鍛鍊才能夠強壯。想像力也一樣需要經常的反覆練習，才能夠增強。練習時，要盡量發揮你

的想像力，從想像你喜歡的顏色、味道、冷、熱、觸摸的感覺，以及美麗的風景等開始，然後再發揮高度豐富的抽象想像力，使你的視覺想像、聽覺想像、觸覺想像、嗅覺想像及味覺想像等能力盡量發揮出來。

仰望天空：心靈無念、進入靜觀

用眼睛仰望天空，同時做深長而緩慢的呼吸相配合，可以幫助你很快的進入心靈無念與靜觀的境界。這是身心放鬆，消除緊張與壓力的有效方法之一。練習的方法很簡單：首先把你的眼睛向頭頂上翻看三次，然後將眼睛向天空仰望，頭不要向後仰，只用眼睛看向天空。然後慢慢的閉住眼睛，做七次深長而緩慢的呼吸，這樣你很快就進入心靈無念、止念忘情、物我兩忘的寧靜境界，以及身體深度鬆靜的狀態。身心鬆靜之後，大腦皮層處於抑制狀態，腦波進入 α 及 θ 波形，即進入潛意識狀態，你的意念會高度集中，想像力會更加豐富和鮮明，使身心得到健康良好的效果。

為什麼要閉上眼睛？引用道家一句富於哲理的話，因為「閉上你的眼睛，你會看得更清楚；屏息傾聽，你會聽到真理。」

為什麼眼睛要看向天空呢？在聖經訓道篇裡，可以找到根據。這篇以國王撒羅滿的口吻，描述在太陽之下（共有29次之多），找不到人生的福樂，人生沒有遠見，生命沒有真正的意義和目的等。他雖富冠四海，享受人生聲色口慾之樂，但他不能滿足，找不到人生的真諦。

直到有一次他靜心祈禱，眼睛看向天空，看高於太陽之上的

時候，那就是天主（上帝）與靈性的層面，就在那裡，他突然找
到了眞正的靈性，悟出了人生的眞諦，發現生命的意義和目的。

　　國王撒羅滿當年所尋找的與現代人沒有什麼分別：金錢、財
富、權力、美女、美酒、聲色、奢侈、享樂以及知識等等。只有
從靈性的層面尋找，才能達到身心的平安與寧靜，人生才有意義
和目的。

正面自我啓示：維持、促進健康的工具

　　啓示不論是正面的或負面的，都會在潛意識裡發生重大的影
響力。因此，我們需要正面的啓示，避免負面的暗示。正面的啓
示可以激發出我們強大的生命潛力，創造出良好的內在環境，促
進大腦中樞神經系統和內分泌系統的調節功能，增強免疫力，促
進並保持身心健康。眞正的治療力量，存在於每一個人的潛意識
裡，如果能夠改進一個人的內心狀況，就可以使他自己釋放出治
療的力量來。

　　當你學會了自我啓示的方法之後，對於將來學習自我催眠啓
示療法，將會有很大的幫助。因爲所有的醫學催眠啓示療法，都
是自我催眠啓示療法。自動的接受正面啓示是自強與成功的重要
因素。經常不斷的練習正面自我啓示，可以增強啓示的接受性，
使你更容易獲得啓示的效果。

自我啟示的練習方法

1.閉眼練習法

首先，在高於眼睛水平面之上，或在天花板上選擇一個定點，然後注視著它，同時開始在心中從1數到10，在未數到10之前，試試看是否能夠閉上眼睛。講稿如下（你不必硬記住，也不必一字不漏的說出來，依其大概內容即可）：

當我開始從1數到10的時候，我的眼睛將會感到沉重、溼潤和疲勞——很沉重，很潤溼——很疲勞。甚至在未數到10之前，我的眼睛就會閉上了。在這個時候，我就會進入自我啟示的狀態，能夠直接啟示我的潛意識。同時，我會很警覺，可以知道周圍發生的事情。1——我的眼皮開始沉重——2——我的眼睛開始溼潤——我的眼皮越來越沉重，我的眼睛越來越溼潤——3——我的眼睛感到疲勞——4——我很難保持眼睛張開——5——我開始要閉上眼睛了——6——我的眼皮越來越拉緊——7——我的身體放鬆——完全放鬆——內心平靜和安寧——8——我不能再張開眼睛了——9——我的眼睛完全閉上了，我進入自我啟示狀態了——10——我能夠給自己正面的啟示。

2.吞口水練習法

首先閉上眼睛，做七次深長而緩慢的呼吸。方法如下（你不必記住，也不必一字不漏的講，按其大概內容即可）：

當我開始從1數到10，甚至未數到10之前，我將會自動的吞一次口水。當我吞了一次口水之後，我吞口水的渴望將會停止，恢復正常。1──我的嘴唇乾燥──2──我的喉嚨乾燥──3──我開始渴望要吞口水──4──我要吞口水的渴望正在增強──5──我的喉嚨非常乾燥──6──要吞口水的渴望越來越增強──7──我不自覺的想吞口水──8──不自覺的想吞口水的渴望越來越強──9──我必須吞口水──10──我已吞下了口水。現在，我已進入自我啟示狀態了，非常容易接受正面的啟示。

身心放鬆：身體的舒暢、心靈的寧靜

身心放鬆，是調理生命最好的方法之一，它簡單易學，不分時間和地點都可以做，西方國家早已應用。它可以關閉你過度的「搏鬥或逃跑」反應機能，開啟你身心健康與生命樂章的和諧旋律，消除你的緊張和壓力，使你內心很容易達到深度平靜與安寧的境界。

根據醫學資料，身心放鬆有很多的好處，可以：

1.消除緊張和焦慮。

2.幫助調適、控制和消除身心壓力。

3.促進良好睡眠。

4.減輕或消除身體痛覺。

5.解除肌肉緊張。

6.溫暖或冷卻身體某部分的體溫。

7.降低血壓。

8.緩和心跳。

9.消除疲勞。

10.防止壓力對身心的不良影響。

11.促進和提高創造力及靈感。

12.享受人生。

東西方不同的身心放鬆訓練法

醫學研究證實，放鬆身心是消除壓力、緊張及調理生命的重要方法之一。東西方各有不同的練習方法。東方的訓練方法，是以高深的人生哲理為指導準則，即「吃得苦中苦，方為人上人」，「天將降大任於斯人也，必先餓其體膚，勞其筋骨，苦其心志」等。

在100年前，一位英國女探險家亞力珊卓大衛尼爾（Alexandra David-Neel），在她寫的一本書《我的拉薩之旅》（*My Journey to Lhasa*）裡面，描述西藏的喇嘛在冰天雪地裡艱苦鍛鍊的情形。她親眼看見一群喇嘛高僧光著身體，靜坐在雪地上，一夜復一夜的苦修練禪。在皎潔的月光下，他們開始一段激烈的宗教祭典儀式，然後喇嘛師父就叫徒弟們脫光衣服，把泡浸在冰水裡的布單，放在他們的肩背上烘乾，這些徒弟們的肩背好像火爐一樣，很快就使布單冒出了蒸氣，一張乾後又再換一張。可見修練西藏的密宗禪需要很辛苦及長期的鍛鍊，才能達到爐火純青的境界。

　　還有，例如東方的瑜伽與禪坐等，都必須長時間的苦練，才能達到身心平靜與安寧的境界。前面曾介紹班生博士訪問的三位喇嘛，他們修禪的時間都長達20～30年。但有人雖修行了數十年，仍然未臻爐火純青之境界。我們知道，禪修要長期的盤腿鍛鍊，年紀大的人盤腿起來時間長了，就會感到痠痛麻木，如果再有背痛或腰痛的話，恐怕會忍受不了，不容易堅持鍛鍊下去，雖「勞其筋骨，苦其心志」，如果身體不舒服，怎能達到內心平靜與安寧的境界呢？

　　西方身心放鬆的訓練方式，是以生理學和心理學為依據。

身心放鬆方法

　　身心放鬆法有下面幾種：

　　1. 進行式身心放鬆法（Progressive Relaxation）：是由哈佛大學生理學教授艾德蒙・雅各森（Edmund Jacobson）所創立。首先以簡單的進行式身心放鬆方法，使肌肉緊張，再解除其緊張，引進鬆弛狀態，減少肌膚與筋骨的痛苦，再讓肌肉更深度的放鬆，使身心進入寧靜的境界。然後再加以前面所述的綜合性醫學調理方法，來促進和增強身體免疫力，使身心很快達到平衡與健康的狀態。

　　2. 超覺靜坐（Transcendental Meditation，簡稱 TM）：是由移民美國的印度物理學家馬哈瑞希・馬黑許（Maharishi Mahesh）於1959年所創。他幼年學瑜伽，移民美國後，把印度傳統的瑜伽術改良成為簡單易學的超越性靜坐默想法。它包含有四個要素：寧靜的周圍環境、被動鬆靜的態度、舒服的禪坐法、內心精神的

策劃。內心精神的策劃很重要，即傳授師給予學習者一個秘密的宗教字眼或聲音，這字眼或聲音不能告訴任何人。這個方法，包含著神秘濃厚的早期印度敎色彩。據說古印度佛敎的靜默法，後來傳入西藏成爲西藏密宗禪坐法。

3.身心放鬆反應（RelaxationResponse）：是由班生博士於1982年所創，他曾訪問達賴喇嘛，也研究過密宗禪法，把它改良發展成身心放鬆反應。這個方法，基本上與超覺靜坐方法相同，但他取消了濃厚宗敎色彩的部分，用簡單的「一」或「安」字來代替秘密的宗敎語言和聲音。在醫學臨床應用方面有很好的效果。

4.臨床標準靜坐法（Clinically Standardized Meditation，CSM）：介於超覺靜坐與身心放鬆反應兩種方法之間，由派翠西亞‧卡林頓博士（Dr. Patricia Carlington）在1985所創。她製成了身心放鬆的錄音帶，鼓勵病人按照自我指導式的錄音帶做身心放鬆練習，也得到很好的效果。

5.中國傳統氣功與鬆靜法：請參考前述有關氣功說明。

6.音樂放鬆法：如前述。

7.催眠啓示身心放鬆法（Hypnotic Relaxation）：爲我參考並結合以上的方法改良而成，適合中國人的體質、心理和精神狀態（詳述於後）。

注意事項

1.選擇安靜的環境，避免電話、電視、音響或人的聲音影響。雖有「鬧中取靜」之說，但也必須先安靜後才能讓身心放

鬆。例如禪修，首先要講究禪定。定，就是要求將散亂之意念，通過一定的方法集定於一處，即要「住閉靜處，調身調息跏趺宴默，舌柱上，心注一境」。

2.避免強烈的光線刺激。

3.脫下眼鏡、手錶、鞋襪、皮帶，穿著寬鬆的衣服。

4.不論選擇坐著或躺著的位置，都要讓自己覺得舒服。《內經》指出，「凡調氣之初，務要體安和，無與意氣爭。若不安且不和，候安和乃爲之」，這就是說首先要做好鬆靜的準備工作。

5.要閉上你的眼睛，放鬆你的肌肉，注意你的呼吸，要深長而緩慢自然。最好用腹部呼吸法。清代趙晴初指出「息調則心定，心定則息調」就是這個意思。

6.選擇你的座右銘、祈禱文或短句（根植於你的內心信仰更佳）。然後，當你呼氣出去的時候，靜默地在你的心裡重複又重複。

7.要消除雜念、惡念與邪念，被動式放鬆，即順其自然，不能強迫自己放鬆。我們知道修禪之人，也特別注意修持之態度，即切忌將心求悟，瞻前顧後，「無與意氣爭，體安氣和」，就是這個道理。《備急千金要方》指出：「凡人不可無思，當以漸遣除之」，也就是這個意思。前面曾講過，老子非常強調鬆靜養生，指出要達到鬆靜必須「塞其兌，閉其門，挫其銳，解其紛」，才能進入靜觀。佛教華山天台宗所創的止觀法門，也是一種調身、調息與調心的方法。止，即是定（止與禪定），掃除妄念，專心一境。寂，即明靜。觀，就是慧，是在止的基礎上發生智慧，辦妥事理。

在這裡，必須提醒各位注意，第一次開始練習身心放鬆方法

的時候，約有5～10％的人不容易進入鬆靜狀態，必須多加練習才能成功（詳細的練習身心放鬆方法，請看下一章）。

超然的力量：信心與信仰

調理生命的最後一個方法，是信心與信仰。信心與信仰可以產生超然的力量，使我們的生命具有真正的意義與目的。現在，越來越多的醫學證據指出，宗教信仰能夠增強身體免疫力，減低患病率，包括癌症和心臟病等，並能促進和維持身心的健康。在2000年12月，美國哈佛大學召開醫學會議，討論的主題是宗教信仰和靈性的作用對人體健康的影響。在會議中，發表了一項有關美國加州五千人參與的健康問卷調查報告，發現具有宗教信仰的人，其壽命比沒有宗教信仰的人長。原因是這些具有宗教信仰的人士，在生活方面，比較少吸煙、少喝酒、多運動，以及能夠維持美滿的家庭婚姻生活等。

同時，澳洲國家心臟研究基金會主席安德魯・托金（Andrew Tonkin）教授也發現，具有宗教信仰的人，心臟病發生率比沒有宗教信仰的人低，其原因也是宗教信仰和靈性的提升，可以減少或消除緊張壓力情緒，進而對中樞神經系統有良好的影響，促使心臟受到保護作用，防止與抵抗心臟疾病的發生。他還發現猝死與嚴重的急性壓力有很大的關係。他強調：「每一個人都應該有開放的胸懷，去對待宗教信仰的問題」。

早在20年前，墨爾本大學教授蓋伯瑞・康（Gaberiel Kune）已做了一項劃時代的調查研究，即調查將近一千位患大腸癌的病人資料後，他很驚訝的發現，在相同遺傳和飲食習慣之

下，具有宗教信仰（不論任何宗教）的人，比沒有任何宗教信仰
的人，其腸癌的發生率低於30％。這是世界上第一個重要的醫學
調查報告，引起了不少癌症專家的興趣與研究。康教授解釋，這
是因爲宗教信仰有刺激與增強身體免疫系統的功能。

2001年初，在世界著名的《新英格蘭醫學雜誌》發表的〈醫
生是否應開宗教信仰活動的處方給病人？〉（ ”Should
Physicians Prescribe Religious Activities？”）一文中指出，現在
已有越來越多的醫學研究證實，宗教信仰對健康有很大的益處。
因此，如何提升靈性，應該成爲醫療過程中的一部分。

生命調理必須持之以恆

熟悉前面的調理生命法之後，你可以開始分項練習，然後再
綜合起來練習，成爲一個有系統的生命調理方法。老子說：「上
士聞道，勤而行之；中士聞道，若存若亡；下士聞道，大笑之；
不笑不以爲道。」我相信，各位都是上士之才！其實，我所講的
也並非什麼「道」，而是正確的生命調理方法。因此，你要調理
好生命，強筋壯骨，健康保健，抗病防老，延年益壽，就必須持
之以恆，貴在堅持，要勤於練習，不能中斷，對自己必須嚴格要
求。俗語說：「師父領進門，修行在個人」就是這個道理。

第七章
身心放鬆引導

　　身心放鬆的步驟分為兩部分：「導入放鬆」及「深入催眠」。導入放鬆步驟，主要是先使身體肌肉緊張，再引導肌肉鬆弛，使身心進入放鬆的狀態。深入催眠步驟，是引導身體進入更鬆弛的狀態，使身心到達更深的平靜與安寧的境界。

進行式催眠放鬆法

　　進行式催眠放鬆法，包括導入法和深入催眠法。無論哪一種，當你讀它時應特別注意，速度要緩慢自然，同時注意停頓的時間，在括弧裡面的數字代表停頓的秒數。注意切勿用抑揚頓挫的語調或快速朗誦，這會影響頭腦進入安定與寧靜的境界。如果你能夠將講稿錄音下來更好，當練習身心放鬆的時候放給自己聽，就跟著放鬆身心。當你熟悉放鬆的技巧，能夠隨時自如地放鬆身心後，就可以不用聽錄音帶了。

導入法

請你坐在沙發上（或椅子、床上），你的背部要舒服的靠著它，足與肩同寬，雙手平放在膝蓋上（如躺著，要仰臥，雙手平放在身體兩側）。現在，我告訴你如何放鬆自己，使你的身體和內心感到輕鬆、愉快、平靜和安寧。

現在，舉起你的右手向前伸直，與你的肩膀同高，手掌心向下與地面平行。然後，緊握住拳頭，握得越緊越好。現在我開始倒數從10到1。10—9—8—7—6—5—4—3—2—1，你的右手越握越緊，越感覺到沉重和疲勞——沉重和疲勞，然後，把手慢慢地放回原來的位置。放鬆你的右手臂——一直放鬆到手指尖（5）。舉起你的左手向前伸直，與你的肩膀同高，手掌心向下與地平行，然後緊握拳頭，握得越緊越好。現在我開始倒數從10到1。10—9—8—7—6—5—4—3—2—1，你的左手越握越緊，越感覺到沉重和疲勞——沉重和疲勞，然後，把手慢慢的放回原來的位置。放鬆你的左手臂——一直放鬆到手指尖（5）。

現在，提起你的右腳離地面約數寸高，同時伸直你的大腿，腳趾向著地面，膝蓋鎖直，保持這個位置（5）。我開始倒數從10到1。10—9—8—7—6—5—4—3—2—1，你的右腳感覺到沉重和疲勞——沉重和疲勞，然後，收回你的膝蓋，把腳慢慢的放回原來的位置（5）。放鬆你的右大腿——一直放鬆到腳趾尖（5）。現在，提起你的左腳離地面約數寸高，伸直你的大腿，腳趾向著地面，膝蓋鎖直，保持這個位置（5）。

我開始倒數從10到1。10—9—8—7—6—5—4—3—2—1，你的左腳感覺到沉重和疲勞——沉重和疲勞，然後，收回你的膝蓋，把腳慢慢的放回原來的位置（5）。放鬆你的左大腿——一直放鬆到腳趾尖（5）。

現在，你把頭慢慢的轉向右邊，使你的下巴接近右肩膀，越接近越好（5）。我開始倒數從10到1。10—9—8—7—6—5—4—3—2—1，你的左邊頸部感覺到緊張和疲勞——然後，把頭慢慢的轉回到原來的位置（5）。現在，你把頭慢慢的轉向左邊，使你的下巴接近左肩膀，越接近越好（5）。我開始倒數從10到1。10—9—8—7—6—5—4—3—2—1，你的右邊頸部感到緊張和疲勞——然後，把頭慢慢的轉回到原來的位置（5）。放鬆你的頸部。

現在，把你的眼睛向頭頂上翻看三次——然後眼睛向頭頂後仰望，越向頭頂後仰望越好，不要把頭向後仰——只用眼睛向頭頂後仰望——繼續向頭頂後仰望——你的眼睛會慢慢的感到疲倦和勞累——你的眼皮也會慢慢拉緊和沉重——越來越拉緊，越來越沉重——你覺得昏昏欲睡，昏昏欲睡——很快你就會閉上眼睛——現在，請你閉上眼睛，一直到我叫你張開為止。現在，注意聽我的說話，我的聲音——做七次深長而緩慢的呼吸（5）。

我要你放鬆身體的每一個部位，從你的頭頂一直放鬆到腳底下，你會感到非常的舒服、非常的安寧——我要你放鬆身體的每一個部位——放鬆你的額頭——放鬆你的眼睛——放鬆你的嘴唇和下巴——放鬆你的脖子——沿著你的背脊，一直放鬆

下去，直到你的臀部（5）。

把注意力放在放鬆上。深深的吸氣，慢慢的呼氣——現在你的呼吸深慢而有規則，深慢而有規則——當你把氣呼出去的時候，心裡對自己說：「放鬆」兩個字——重複又重複，一直到我叫你停止（60）。好！不要想別的事情，如果周圍有嘈雜的聲音，不要理它，讓它像風一樣吹過去，慢慢的消失，遠離你，無影無蹤（5）。周圍的聲音對你不重要，不要理它。現在，不論你聽到任何的聲音，都將會幫助你進入更深及更深的放鬆境界。如果頭腦裡有一些雜念出現的話，讓它來去自如，不要理它，讓它像風一樣吹過去，慢慢的消失，遠離你，無影無蹤（5）。

再把注意力放在背部肌肉和身體其他部位肌肉上面，如果你覺得那一部分肌肉緊張，就放鬆它——現在放鬆你兩邊的肩膀——放鬆前面的肩膀和後面的肩膀——再放鬆你的右手臂——一直放鬆到手指尖（5）。再放鬆你的左手臂——一直放鬆到手指尖（5）。

放鬆你的胸部——放鬆你的腹部——再放鬆你的右大腿——一直放鬆到腳趾尖（5）。再放鬆你的左大腿——一直放鬆到腳趾尖（5）。現在，注意你的呼吸。每次把氣呼出去的時候，放鬆一次全身——你一次一次地氣呼出去，一次一次地放鬆全身——你的整個身體會感到非常的輕鬆、非常的舒服，從你的頭頂——一直到你的腳趾尖（5）。

再一次，我要你注意你的呼吸。每次把氣呼出去的時候，你放鬆一次全身——你一次一次地把氣呼出去，一次一次地放

鬆全身——你的整個身體也一步一步的進入完全放鬆的狀態
（5）。你的內心也一步一步的進入安定和寧靜的境界（5）。

　　現在，深深的呼吸——繼續深深的呼吸（5）。深深的吸
氣，慢慢的呼氣——深深的放鬆——深深的平靜與安寧——呼
出去所有的疲勞——呼出去所有的緊張——呼出去所有的憂慮
（5）。深深的吸氣——慢慢的呼氣（5）。

　　現在，留意你的呼吸管道。你吸入大量的空氣，通過你的
鼻孔，進入整個肺部——你感到空氣進入肺部的感覺——同
時，你也感覺到心臟把新鮮帶有氧氣的血液，輸送到身體的每
一個部分——好像一股暖流，通過你的全身——愉快的舒暢的
暖流（5）。

　　現在，你也感到手臂和手指——手臂和手指充滿著血液，
開始膨脹，厚實和溫暖——你也開始覺得全身輕鬆——輕鬆得
好像飄浮在椅子上（或沙發上、睡墊上），也好像你漸漸的飄
浮在空氣中——輕輕的飄，慢慢的浮——越深、越深、越深
——又飄又浮，又浮又飄——越深、越深和越深（5）。

　　現在，你全身完全放鬆了——你是如此的平靜，如此的安
寧，如此的舒服（5）。

　　（根據實際情況，可任選下面的深入催眠1或2的3種放鬆
法，目的是讓對象進入更深的放鬆境界）。

深入催眠法

　　深入催眠法，分為「啟示式」和「想像力式」兩種。可以根

據實際情況，在導入法之後，任選其中之一講稿，使人的身心繼續的放鬆，進入更深層的放鬆狀態，以達到更深的平靜與安寧境界。

1.啟示式深入催眠

　　再讓你自己更深的、更深的放鬆──同時聽我說話，我的聲音。讓你的雙手和雙腳，慢慢的沉重、柔軟和無力──沉重、柔軟和無力（5）。再讓你的雙手和雙腳，慢慢的沉重、柔軟和無力，更沉重、更柔軟和更無力（5）。完全的放鬆你的雙手和雙腳──。

　　再讓你額頭上的肌肉，深深的放鬆，更深的、更深的放鬆──你的頭部變成鬆軟（5）。再讓你眼睛四周的肌肉，深深的放鬆，更深的、更深的放鬆（5）。再讓你嘴巴四周的肌肉，深深的放鬆，更深的、更深的放鬆（5）。再讓你的下巴的肌肉，深深的放鬆，更深的、更深的放鬆──你感到下巴有重量（5）。

　　再讓你的頸部肌肉，深深的放鬆，更深的、更深的放鬆──你的頭部也同時覺得沉重、沉重和沉重（5）。再讓你的背部肌肉，深深的放鬆，更深的、更深的放鬆──同時你覺得自己正在下沉、下沉──深深的下沉在椅子上（或沙發或睡墊上）。

　　再讓你自己深深的下沉、深深的下沉──深深的放鬆、深深的放鬆──再深深的放鬆（5）。你放鬆的越深、越深（5），就會越感覺到，你已經進入自己內心深處，很深很深

的自己內心（在此，可加入有益的啟示）。

　　記住！下次你自己做身心放鬆的時候，你會很快的進入放鬆狀態，只要你閉上眼睛，做七次深長而緩慢的呼吸，然後每次呼出去的時候，對自己說：「放鬆」兩個字，你就會立刻進入深深的平靜和安寧的境界。

　　再一次記住！下次你自己做身心放鬆時，你會很快的進入放鬆狀態，只要你閉上眼睛，做七次深長而緩慢的呼吸，然後每次呼氣出去的時候，心裡對自己說「放鬆」兩個字，你就會立刻進入深深的平靜和安寧的境界（最後接讀喚醒法）。

2.想像力式深入催眠法

（1）想像力一

　　現在，請你發揮想像力——想像你正站在一個平台上，平台的後面是一座房子（5）。平台是用美麗的瓷磚砌成的，上面放著很多漂亮的盆景，下面是一片寬闊翠綠的園地，園地的中間種植著好多種花正在開放，有紅的、黃的、白的、藍的，和紫色的，非常鮮艷美麗，同時吐放出芳香的氣味。園地兩旁有噴水池，在陽光的照射下，噴射出的水霧反映出七彩顏色，非常好看！還有小橋流水貫穿在園地中間，加上鳥語花香，真是一幅令人陶醉的春天景色！

　　等一會，我請你從平台上，沿著台階慢慢的走下去。在未走下去之前，你看到台階的兩旁，還放著好多漂亮的盆景，迎著柔和的春風，令人心曠神怡！台階共有十級。等一會，我將

從台階上面，慢慢的開始數從1到10。每當我數一次，你走下一個台階。你每走下一個台階，就會進入更深更深的安寧睡眠。

好！現在開始走下台階，1──2──讓你自己進入深深的睡眠，深深的睡眠。3──更深更深的安寧睡眠。4──5──暫停一會，你已經走下一半台階了。同時注意，你現在已經遠離世俗的世界了。當你進入更深更深的寧靜睡眠時候，世俗的世界也離開你更遠更遠了。現在，繼續走下去，6──7──8──快走到底了。9──10──好。深深的安寧，深深的睡眠，你已經進入自己內心深處，很深很深的自己內心。你的身心感到深深的放鬆，深深的安寧，無限的愉快，無限的舒服！（最後接讀喚醒法）

（2）**想像力二**（你手裡拿著一個噴水瓶，告訴對象這瓶子裡裝的是一種身體放鬆劑。你會噴在他的後頸部，讓他的肌肉放鬆）。

方法如下：請你發揮想像力──深深的呼吸──深深的放鬆──現在我噴一種放鬆劑在你的後頸部，它會使你的身體放鬆──整個身體放鬆──很深很深的放鬆──你會進入深深的安寧睡眠（5）。放鬆劑正在發生作用──你的身體在放鬆──全部的放鬆──你進入深深的放鬆和安寧的睡眠境界。（最後接讀喚醒法）

這深入放鬆法，也可以用來消除心理緊張所引起的身體痛覺，如頸痛、肩膀痛和背痛等。

（3）想像力三

現在，請你發揮想像力——想像你正站在自動電梯的門口，等著電梯的門打開（5）。注意這棟樓共有十層，你現在是站在第十層樓上等待電梯——當電梯的門打開，你就慢慢的走進去，把門關閉（5）。等一會，我會叫你按鈕，電梯就會開始慢慢的下降，你也會慢慢的進入安寧睡眠（5）。電梯每下降一層樓，電梯門上的燈會亮一下。我也會數一次——當我數的同時，你也一步一步的進入更深更深的安寧睡眠（5）。

現在，請你按電梯門上的鈕，電梯開始慢慢下降了。10——9——你進入更深更深的安寧睡眠（5）。8——7——你離開世俗的世界了，離開越來越遠了（5）。6——5——更深的更深的安寧睡眠（5）。4——更深更深了（5）。3——2——快到了——1。好！再讓電梯下降到地底層（5）。

現在電梯的門打開了。你走出電梯，走向地底層的出口，站在那裡等一會——我會請你把門打開，走出去（5）。然後，你會發現那是一片你最喜歡的天地，完全與世隔絕的世界（5）。你在這個天地裡，進入自己的內心世界，很深很深的內心深處（5）。

好！現在，你把門打開，走出去，然後把門關起來（5）。看！所有的憂慮和煩惱，所有的緊張和壓力，所有的恐懼和痛苦，全部都遠離你了——越來越遠離你了——現在，你到自己最喜歡的天地裡了。你可以盡情的享受和陶醉——（然後接讀喚醒法講稿）。

不論用下台階或電梯的想像方式，當數台階或電梯數目時，最好與病人的呼氣節奏相吻合，尤宜用慢速度。

喚醒法（在深入催眠法後使用）

當身心進入深度的放鬆、平靜、安寧的境界之後，你要喚醒他。同時提醒他，做身心放鬆的時候，如果有緊急的事需要處理，他會立刻的醒覺與警惕，可以處理任何的事情。這點啓示非常的重要，否則他會繼續的放鬆下去，而忽略了周圍環境的存在。其講稿如下：

> 從現在起，大約三分鐘的時間，你將不會聽到我說話、我的聲音，你專心進入深深的放鬆、平靜和安寧的睡眠（60）。
>
> 好！很好。等一會，我會叫醒你。我會從4倒數到1，然後你就會醒過來。醒來後，你會感到非常的舒服，非常的平靜，非常的安寧，沒有緊張，沒有疲勞，也沒有憂慮。你將會充滿信心和精力。當我開始倒數4的時候，你將會移動雙腳和雙腿——倒數3的時候，你將會移動你的雙手和雙手臂——倒數2的時候，你將會移動頭和頸——倒數1的時候，你會張開你眼睛。
>
> 記住！如果你處在深深的放鬆或寧靜的睡眠時，有任何事情需要你處理，或有緊急事故發生的話，你會立刻停止睡眠，張開你的眼睛，回復到高度的警覺狀態，你可以處理任何事情。如果你自己想醒來的時候，只要從4倒數到1，就會慢慢的醒來。倒數到1的時候，你就會張開眼睛，回復高度的警覺狀

態。同時感到舒服、愉快、平靜和安寧。

　　現在，如果想繼續的放鬆下去的話，就放鬆下去，不必注意聽我的說話，我的聲音，你可以繼續平靜與安寧的睡眠，直到自己想醒來的時候，就張開你的眼睛，你會感到舒服、平靜和安寧。

　　現在，我開始倒數4——移動你的雙腳和雙腿——3——移動你的雙手和雙手臂——2——移動你的頭和頸——1——張開你的眼睛。你感到清新、平靜、安寧和充滿精力。

有益的啓示引導

　　這個引導必須接在深入催眠法之後。因為當身心進入深深的放鬆、平靜與安寧的境界時，潛意識最容易接受正面有益的啓示。其內容如下：

　　現在，注意聽我說話，我的聲音——深深的放鬆你整個身體，深深的、寧靜的、舒服的放鬆——你已經進入自己的內心深處——很深的內心深處——你離開世俗的世界也越來越遠了。

　　現在，你的內心會感應和接受我的啟示，我的所有啟示都是對你的身心健康有益的——這些啟示將會進入你的內心深處，永遠的留在你的心中，沒有任何東西可以將它抹掉。每天，你都要告訴自己以下的想法，這些有益的想法，將會消除你過去曾經存有的許多不好念頭，或緊張、憂慮和不安的情緒，激起你的無限潛能，使你充滿強大的信心和精力，引導你走向成功的人生道路。

　　1.每天我都覺得自己的身體健康強壯，充滿著精力和信心。

　　2.每天我的生命都十分充實和樂觀，能夠正確的觀察事物和妥當的處理事情。

　　3.每天我的心情都覺得平靜和安寧，對於不能改變的事物，能夠心平氣和的接受，不會失望與痛苦。

　　4.每天我都會保持身心放鬆，不會感覺緊張、壓力、憂慮及恐懼。

　　5.每天我都能夠和別人和樂相處。

　　6.每天早晨起床後，我都熱切的期待著完成當天的工作。

　　7.每天我的頭腦都很清楚，能夠專心會神的工作或學習，以及有良好的記憶力。

8.每天，不論在哪一方面，我都會感覺到美好、美好和更美好。

9.每當我感覺到緊張、壓力、憂慮和恐懼的時候，我會做七次深長而緩慢的呼吸。我會呼出去所有的緊張、所有的憂慮、所有的恐懼，我的身心會感到深深的放鬆、舒服、平靜和安寧。

10.我有信心達到自己的目標，實現自己的理想。

11.我有豐富的想像力，想像著我的未來前途，我會去努力奮鬥來達到我的願望。

12.我要做一個受人尊重的人。

13.我有良好的動機，定好奮鬥的目標與計畫，以堅定的行動來實現它。

14.我成功的人生旅程，決定於自己的智慧與努力。

15.我棄絕過去的不良習慣，建立新的自我。

16.我對自己的理念、思想、感覺、認知負責。我值得受尊重、愛護與成功。

17.被人拒絕只是暫時的現象，也是走向成功人生旅程的一段路程。

18.我每天都具有愛心，愛我的家庭與朋友，並和同事相處良好。

附錄：
自我測驗答案

身體健康測驗答案

　　如有10項以上（含10項）的問題，表示你有潛伏性危機，將影響你的身體健康、工作和人生觀。

心理健康測驗答案

　　如有5項以上（含5項）問題，再加上身體健康測驗有10項以上（含10項）的問題，表示你所承受的壓力，已經超過你的身心負擔。

抗壓性測驗答案

分數	壓力程度	抗壓性
12－14	10%－35%	高度抗壓性
15－29	36%－50%	中度抗壓性

30或以上　51%－85%　低度抗壓性，容易損害身心健康

性格與心臟病關係測驗答案

總計分　　你的性格　壓力後果

110 – 140	Type A_1	如你屬於這類型性格，尤其是超過40歲、有抽煙，很可能會有心臟病發生的危險。
80 – 109	Type A_2	你有心臟病的傾向，但無 Type A_1 危險度。
60 – 79	Type AB	你在 Type A 與 B 之間。比 A 和 B 都健康，但你較易於傾向 Type A 性格，你必須注意。
30 – 59	Type B_2	你的行為很少會引發心臟病。一般來說，你比較放鬆身心和能夠應付壓力。
0 – 29	Type B_1	你更少機會發生心臟病。你的行為很少會引發心臟病。

　　Type A 性格名詞的來源：在1950年代早期，美國心臟病專家佛萊德曼博士（Dr. Meyer Friedman）在治療冠心性疾病時，發現一群具有類似性格與行為模式的人，都有類似的健康問題。他注意到某種特別性格類型的人，好像比其他的人較易患心臟病。不久，佛萊德曼博士與另一位心臟病專家羅森門博士（Dr. Ray Rosenman）合作，做進一步的觀察研究，發現某些人的行為、生活方式以及做事的模式等，可能損害到人體的健康而引起心臟病。他們將人的行為分類，就創出了「Type A 性格」（Type A personality）與「Type A 行為」（Type A behavior）這兩個名詞。他們的發現引起世界衛生教育工作者

和心理學家的關注。

　　他們的研究指出，Type A 性格的人，具有高度野心及強烈動機，積極進取、富於衝勁、勇於競爭，並具有攻擊的性格。他們經常鞭策自己，做事常設時限，必須完成為止，很少休息，不能忍受工作或動作的慢速度。

　　Type B 性格的人，具有忍耐的精神，不特別強烈的與人競爭，處事態度輕鬆泰然，能夠抽空休息和娛樂，並具有比較樂觀的人生態度。

　　佛萊德曼及羅森門兩位博士，對3,500位年齡39－59歲的男性，進行多年的觀察、研究之後，發現70％ Type A 性格的人會發生冠心疾病，而 Type B 性格的人只有30％的發病率。

　　最近醫學研究也指出，冠心疾病的發生率與人的個性和生活方式有很大的關係，如好勝心、強烈競爭、工作狂及時間壓力等。這就是 Type A 性格的人易患冠心疾病的原因之一。甚至其他因素，如吸煙、膽固醇和血壓等被控制的情況下，Type A 性格的人其冠心疾病的發生率和死亡率，仍然比 Type B 性格的人多出兩倍以上。因為 Type A 性格的人對環境的適應能力較差，他們的急性子和強力競爭的生活方式，使自己產生嚴重的壓力。

工作壓力指數測驗答案

	低壓力	正常壓力	高壓力
		|	|
人際關係 （1－26題）	..39..43...46..51..54..57...		62..68..75
		|	|
身體狀況 （27－48題）	..35..40...44..48...52..55...		58..62..67
		|	|
工作環境 （49－57題）	..13..15...17..18..19..21...		23..25..27
		|	|
總分	..91..101..111..117..123..134..141..151..167		
		|	|
壓力%	..10...20...30...40..50..60...		70..80..90

＊這個測驗，由275位大學心理學家執行，可靠性93％以上。

性格對壓力反應測驗答案

在下面的 X、Y、Z 表格裡，將你已圈選的問卷項目（1－60題），放置在相應的數目位置上。

X	Y	Z
1	2	3
4	5	6
7	8	9
10	11	12
13	14	15
16	17	18
19	20	21
22	23	24
25	26	27
28	29	30
31	32	33
34	35	36
37	38	39
40	41	42
43	44	45
46	47	48
49	50	51
52	53	54
55	56	57
58	59	60

答案說明

現在，請你算一算，在 X、Y 和 Z 三行裡所圈選的數目總和。圈選的項數總和最多的一行，就代表你的性格以及你對壓力的調適能力。

1.X 型性格：是具有強烈進取心、動機及攻擊性格的人，積極挑戰、富於衝勁、勇於競爭、努力奮鬥，工作速度快、效率高，並以認真工作來保持自我形象。他們不能忍受任何的失敗或批評，因為這將會提醒他們對自己的負面評價與自責。他們很難放鬆身心或放慢速度，因為擔心不能追上時代。對於別人拖拖拉拉或怠慢的工作態度，難以忍受。他們好勝心強，經常鞭策自己，做事常設時限，必須完成為止，很少休息，有工作狂及時間壓力感。

具有 X 性格的人，對於壓力的反應，不是經常否認它的存在，就是自認已經超越或戰勝它了。他們雖然具有堅強的決心與勇氣，經常很認真的跟自己的任何軟弱戰鬥，但卻往往忽視疾病的初期症狀，因而比其他的人更容易發生嚴重疾病，尤其更容易患心臟疾病、躁鬱症與憂鬱症。

2.Y 型性格：具有這類型性格的人，大部分在童年時代都得到家庭的良好照顧，內心感覺到安全與滿足。當進入青少年時代，他們多能夠潔身自愛和自尊，不容易被失敗或疾病所擊倒。他們具有忍耐精神，不特別強烈與人競爭，處事態度輕鬆自然，能夠抽空休息和娛樂，具有比較樂觀的人生態度。與 X 型性格的人比較，他們不會為身體病痛時的軟弱感到羞恥。他們知道心理或身體的軟弱，並不降低他們的人格或道德；也能夠面對失

敗，認為失敗只是暫時的倒退而已。同時認為只要具有信心與毅力，再好好的計畫，繼續努力就會成功的。

以上的這些優點，使 Y 型性格的人在面對壓力時，能夠堅韌且迅速調適。

3.Z 型性格：這類型性格的人，沒有自私心，具有自我犧牲的精神，有時生活在類似聖人的世界中。他們傾向於把別人的願望放在自我之上，對別人的事情特別關心，既不能肯定自己，也不會表達自己的抗拒情緒，從來不會或不敢對別人說個「不」字，但內心卻非常的壓抑，將生氣或憤怒埋藏在內心，性格極端內向，常與自己抗爭，內心衝突很嚴重，因此很容易產生罪惡和無用的感覺。

Z 型性格的人，經常很努力而勤勞地工作，來贖償他們的罪惡感，以證明他們的「善」。他們對於壓力不能有效的消除或調適，很容易引起與壓力有關的症狀或疾病，尤其憂鬱症或癌症。

根據哈佛大學心理學家萊斯漢博士（Dr. Lawrence Leshan）的研究指出，具有 Z 型性格的人，他們的最大危險是易患癌症。經過25年的研究，他發現 Z 型性格的人有76％會罹患癌症，而其他類型性格的人只有10％的發生率。

生命調理法1

消除壓力

2006年7月初版　　　　　　　　　　　　　　　　　定價：新臺幣200元
有著作權‧翻印必究
Printed in Taiwan.

著　　　者　何　華　丹
發　行　人　林　載　爵

出　版　者　　聯經出版事業股份有限公司
台北市忠孝東路四段555號
編輯部地址：台北市忠孝東路四段561號4樓
叢書主編電話：(02)27634300轉5048
台北發行所地址：台北縣汐止市大同路一段367號
　　　　電話：(02)26418661
台北忠孝門市地址：台北市忠孝東路四段561號1-2樓
　　　　電話：(02)27683708
台北新生門市地址：台北市新生南路三段94號
　　　　電話：(02)23620308
台中門市地址：台中市健行路321號
台中分公司電話：(04)22312023
高雄門市地址：高雄市成功一路363號
　　　　電話：(07)2412802
郵政劃撥帳戶第0100559-3號
郵撥電話：26418662
印　刷　者　　雷射出片‧世和印製

叢書主編　林　芳　瑜
特約編輯　李　秀　華
美術編輯　桂　曉　芬
攝　　影　愛普印刷
　　　　　設計公司

行政院新聞局出版事業登記證局版臺業字第0130號

本書如有缺頁，破損，倒裝請寄回發行所更換。　　ISBN　957-08-3027-1（平裝）
聯經網址：www.linkingbooks.com.tw
電子信箱：linking@udngroup.com

國家圖書館出版品預行編目資料

消除壓力/何華丹著 . 初版 . 臺北市 .
聯經 . 2006 年（民 95），208 面
14.8×21 公分 .（生命調理法：1）

ISBN　957-08-3027-1(平裝)
1.壓力（心理學）－管理

176.54　　　　　　　　　　95012068

哈客輕鬆遊，引領您輕鬆遊全台客家庄！

《哈客輕鬆遊》系列為台灣第一套客家庄旅遊書，附實用區域地圖、最新景點及美食資訊。

本套書介紹全台客家庄的人文風情、風景名勝、特色美食，輔以客家風土人情之說明。讓讀者在飽覽山光水色之餘，也能輕鬆認識客家文化。

全書以客家庄人文之美、知名景點以及特色小吃，吸引大眾深入旅遊，所以旅遊行程之設計、美食訊息的介紹，力求詳盡清楚，方便周休二日或假期旅遊之參考、規劃。

《哈客輕鬆遊1·北部》
168頁，介紹區域——
台北縣、桃園縣市、
新竹縣市、苗栗縣市
定價280元

《哈客輕鬆遊2·中部》
120頁，介紹區域——
台中縣市、彰化縣、
南投縣、雲林縣
定價250元

《哈客輕鬆遊3·東部》
120頁，介紹區域——
宜蘭縣市、花蓮縣市、
台東縣市
定價250元

《哈客輕鬆遊4·南部》
160頁，介紹區域——
高雄縣市、屏東縣市、
嘉義縣市
定價280元

4冊書皆以故事化、報導性的文字風格和記錄性、精緻化的影像角度，多采多姿地表現了全台客家庄的傳統與現代，引領您輕鬆遊客家庄！

聯經出版事業公司
http://www.linkingbooks.com.tw

聯經出版公司信用卡訂購單

信用卡別： □VISA CARD □MASTER CARD □聯合信用卡

訂購人姓名： _____

訂購日期： _____年_____月_____日

信用卡號： _____ _____ _____ _____

信用卡簽名： _____(與信用卡上簽名同)

信用卡有效期限： _____年_____月止

聯絡電話： 日(O)_____夜(H)_____

聯絡地址： □ □□_____

訂購金額： 新台幣_____元整
（訂購金額 500 元以下，請加付掛號郵資 50 元）

發票： □二聯式 □三聯式

發票抬頭： _____

統一編號： _____

發票地址： _____
如收件人或收件地址不同時，請填：

收件人姓名： □先生
_____ □小姐

聯絡電話： 日(O)_____夜(H)_____

收貨地址：

· 茲訂購下列書種·帳款由本人信用卡帳戶支付 ·

書名	數量	單價	合計
		總計	

訂購辦法填妥後

直接傳真 FAX：(02)8692-1268 或(02)2648-7859

洽詢專線：(02)26418662 或(02)26422629 轉 241

網上訂購，請上聯經網站：www.linkingbooks.com.tw